For all carers

受《じゅ》援《えん》力《りょく》

フリーアナウンサー　町 亞聖 著

“介護が日常時代”のいま

すべてのケアラーに届けたい

本当に必要なもの

法研

受援力《じゅえんりょく》とは「困った時に誰かに助けを求めることが出来る力」です。

Introdaction

はじめに

ヤングケアラーだった私に贈る言葉

「もしタイムマシーンがあったなら……」貴方なら何歳の自分に逢いにいきますか？
私は病気の後遺症のために身体が不自由になり言葉を失った母親が眠るベッドサイド

に、ポツンと座っているセーラー服姿の18歳の私の元に行き「ようやく見つけてもらえたから」と声を掛けてあげたい。私が母の介護に直面した1990年はまだ介護保険制度もなくバリアフリーという概念さえ知られていない時代で、家族が介護を担うしか選択肢がありませんでした。母の看病、家事、弟や妹の世話など全てを背負うことになった私は、誰かに助けを求めることもできませんでした。重度の障害を負い車椅子の生活になった母の代わりができるのは、長女の私しかいなかったからです。母が入院した日から「自分がやるしかない」という現実に直面した私の日々の暮らしも、そして人生も大きく変化しました。ヤングケアラーの〈**当たり前**〉は、同世代の〈**当たり前**〉とは全く違っています。例えば、それまで当たり前のように食卓に用意されていた夕食は、私が作らなければ絶対に出てきませんし、食べ終わった食器は私が洗わなければいつまでもシンクの中に残されたままに……。痛感したのは母が元気だった時の〈**当たり前**〉がいかにありがたいことだったのかということでした。

〈**ヤングケアラー**〉とは障害や病気、要介護など何らかのケアを必要としている家族がいて、大人の代わりに介護や家事など日常的に担っている若者のことを指します。

年齢は〈**18歳未満**〉とされていましたが２０２４年に「子ども・若者育成支援推進法」が改正され、18歳以上の若者も含めて国や自治体の支援の対象になると明記されました。年齢での線引きに私はずっと違和感を持っていました。何故なら私が母の介護に直面したのは高校3年まさに18歳の時で、18歳未満と定義されてしまうと私はヤングケアラーではないということになるからです。15歳の弟、12歳の妹、そして18歳の私は間違いなくヤングケアラーでした。私の元にも「町さん、20代でもヤングケアラーです」と難病の親を持つ知り合いからメッセージが寄せられてきました。同世代が享受できている〈**当たり前**〉の日常が制限されている20代もヤングケアラーだと声を上げてきましたが、私の声が届いたのかどうかは分かりませんが……とりあえず年齢制限を設けずに切れ目のない支援を行うという法律が成立したことは大きな一歩です。

母の介護や家族の世話のために私自身10代20代の多くの時間を費やすことになり、あれもできなかった、これもできなかったと数え上げれば切りがありません。ですが母のおかげで気付けたことや学んだことが沢山ありましたし、母の車椅子を押しながら見た景色は私の人生観を１８０度変えるほど貴重なもので、今の自分が在るのはその全ての経験があったからです。社会全体の障害者への意識も低く支援制度も整っていませんでしたので、第三者の力を借りて物理的な負担を軽くすることはできませんでしたが、**＜出来ないことではなく出来ることを数える＞**という発想の転換をすることで、母の障害や自分自身の運命を前向きに受け入れることができました。

奇跡的にアナウンサーという職を得て、微力ではありますが伝え手として「もし自分だったらと」と考えてもらうために、小さな小さな石を投げ続けてきました。実は私が日本テレビでアナウンサーとして過ごした時間はとても短く6年目を前に報道局に異動に……。障害者、医療、介護の問題を取材したいと考える〝女子アナ〟の存在は、30年以上前はやはり異質だったのだと思います。それでも私は**＜自分の言葉＞**で伝えることにこだわり、記者として10年あまりがん医療、難病、医療事故、不妊治療、薬害肝炎など様々な問題を現場で取材してきました。「障害と共に生きる」「家族介護」「在宅での看取り」「貧困の連鎖」など、今もなお日本が抱える社会課題を当事者として何十年も前に先取りできたことは、様々な生き辛さを抱える人達の声なき声に耳を傾け、人生を賭けて伝えていくことを目指している私のかけがえのない礎《いしずえ》です。

そして人生色々で生涯現役の伝え手でいるために退社を決断し２０１１年にフリーに。肩書は無くなりましたが志は変わらず現場に足を運び続け10年以上が経ち、医療や介護現場で奮闘する沢山の専門職の仲間に出逢うことができました。今では取材する側される側という関係性を超えて〈**町亞聖**〉というひとりの人間として受け入れてもらえていることが嬉しいですし「障害のあるなしに関係なく住み慣れた地域で当たり前の暮らしが送れる社会にしたい」18歳の時にひとり胸に誓ったこの想いを共有する仲間達の存在は私の財産です。

そして30年あまりの時を経てヤングケアラーが注目されるようになり、アイドルでもないので〝元祖!?〟と名乗るのも戸惑うところですが、こうしてこの本を書く機会をいただきました。「全てのことには時がある」という言葉がありますが、18歳で介護に直面しヤングケアラーになったことに大きな意味があったんだと思わずにはいられません。

ヤングケアラーの問題はケアを担っている子供だけでなく、親、大人、社会が抱えている課題をも浮き彫りにしています。〈**自己責任**〉という言葉が日本で頻繁に使われるようになって久しいですが、「自分がやるしかない」とたった一人で働きながら子育てをしているシングルマザー、「他人に迷惑をかけない」と仕事を辞めて親の介護をしている息子、アルコールやギャンブルなどの依存症に悩む親、必死に働いているのに貧困の連鎖から抜け出せずにいる親子……。本当は困っているのに誰にも助けを求められずに社会から孤立している大人が沢山います。

今から30年以上前にヤングケアラーの当事者の一人になった私も、弱音を吐くことや誰かを頼ることが今も苦手です。18歳の時から親を頼ることのできない環境に身を置いていたことが影響していると思います。私自身もまだまだ〈**受援力**〉が足りていないと痛感していますが、だからこそ「もしもあの時に助けてと言えたなら……」と過去の自分を振り返りながらこの本を書き進めていきたいと思います。自分の人生も大切にしながら介護を続けるためにはどうしたら良いのか？　その鍵を握るのが〈**受援力**〉だと確信しています。この本が現在進行形で介護をしているみなさんが「助けて」と声を上げるきっかけになればと思いますし、ヤングケアラーだけではなく全てのケアラーのみなさんの今と未来を照らす小さな灯りになれば幸いです。

そしてこの本は歯を食いしばり孤独に耐えて頑張っていた18歳の私へのメッセージでもあります。「未来は捨てたものではないから大丈夫。貴方はひとりではないよ」と伝えたい……。

もくじ

第2章　障害を負った母の＜ありのまま＞を受け入れるということ……
――喪失・受容

第3章　出来ないことではなく出来ることを数える発想の転換
――発見・気付き

第4章「ようやく見つけてもらえた……」ヤングケアラーになった私達 ——葛藤・選択

第7章　いきなり突き付けられた末期がんの宣告、余命半年の母……

私の介護経験から

CHAPTER 1

第1章

分かっていても突然やってくる家族の病気や介護

絶望・不安

母の病気が家族にもたらした「絶望」と「不安」……

「親を失うかもしれない」「元の元気な姿に戻れない」など家族が突然の病に見舞われた時に、襲いかかる大きな絶望と不安……。昨日まであんなに元気だった母がまさか手術中に命を落としてしまう可能性のある重篤《じゅうとく》な病気になるとは思ってもみませんでした。

私が高校3年生、弟が中学3年生、妹が小学6年生とそれぞれ3学期を迎えた寒い朝のことでした。いつもと変わらずに朝の準備をしていた母が「少し頭が痛い」と不調を訴えました。ただ横になれば大丈夫だからという母の言葉を信じて、私達きょうだいは学校へ向かいました。しかし、夕方になっても母の状況は変わらず父の車で慌てて病院へ連れて行きました。自分の足で歩いて病院に行った母が、まさかのちに重度の障害を負い車椅子の生活になるなんて……。

私の介護経験から

「くも膜下出血」という病名が分かったのは入院して2日目のこと。医師から詳しい説明を受けた父から「母さん死んじゃうかもしれない」と聞かされた時は、本当に気が動転してしまいました。学校から帰ったばかりで制服のまま家を飛び出し必死に自転車を漕《こ》ぎながら「嘘だ！　嘘だ！　そんなはずはない!!」と大声で叫んでいました。

少し頭を冷やし家に戻った私は、家族と一緒に母の待つ病室へ向かいました。「心配かけてごめんね」と私達を気遣う母。もしかしたら生きている母に逢うのはこれが最後かもしれないという底知れぬ大きな不安が襲いかかってきました。身体の震《ふる》えは外の寒さのためだけではありませんでした。母の前では泣かないと約束をしたのに真っ先に涙を流したのは弟でした。中学生ともなると少しそっけなくなるものですが、きょうだいの中で唯一の男の子で母も小さい頃から彼をとても可愛がっていましたので、この時ばかりは感情を抑えることができなかったのだと思います。

がんや認知症などの診断を親が受けた時に、大人でさえ大きな衝撃を受け取り乱します。これまで取材でも多くの当事者や本人に話を聴き、プライベートでも何人もの友人から相談を受けてきました。2人に1人ががんになり、高齢者の7人に1人が認知症になると言われており決して他人事ではないのですが、それでもみなさんが決まって口にするのは「まさか自分や自分の家族が……」という言葉。私達家族にとっても〈**まさか**〉の連続でしたし、やはり誰にとっても家族の病気や介護は突然の出来事だということが分かります。

突然、訪れた不安だらけのきょうだい3人だけの生活

母がくも膜下出血を発症した時の年齢は40歳、そして父もまだ41歳でした。昨日まで元気だった妻がいきなり死んでしまうかもしれないという現実を突きつけられた父。手術を受けて一命を取り留めたものの予断を許さない状況が続いたため、父は寝袋を持ち込んで寒い冬の病院の待合室に泊まり込んで

私の介護経験から

いました。そして私達きょうだい3人は母の容態が落ち着くまでの数か月間、子供だけで過ごすことになりました。母が死んでしまうかもしれないという不安と恐怖……。1人で部屋で寝ることが怖くて6畳しかない本当に狭い台所で炬燵《こたつ》を布団代わりにして3人で眠れぬ夜を過ごしました。

「どんな姿になっても良いから命だけは助けて欲しい」家族の願いはたったひとつ。母の命が最優先であり自分達のことは後回しになりました。それでも私と弟はそれぞれ受験を控えていましたし、小学6年生の妹もこれから母親が必要になる多感な時期を迎えていました。父のことはまた別の章で触れたいと思いますが、父は典型的な亭主関白な人で、しかも九州男児を自負しており母が倒れてからも家のことは一切やろうとしませんでした。「今日からお前が母親だ」と母が入院した日に告げられた私には、父親を頼るという選択肢も初めから無かったのです。母の看病のほかにも考えなければならないことや、やらなければならないことが沢山ありましたが、その全てを私が背負うことになりました。

突然の家族の介護にどう対応したらいいのか?

●戸惑うのは貴方だけではありませんので安心して

母が倒れた当時のことを振り返りましたが、突然の病気や介護に戸惑うのは貴方だけではありませんので安心して下さい。私も冷静ではいられませんでしたし、父に至っては母のことで頭がいっぱいで子供のことはあまり考えていなかったと思います。実は何十年も経ってから知り合いのおばちゃんが父に関するこんなエピソードを教えてくれました。母の病名が分かった日に父から連絡があり「広美（私の母）が死んでしまうかもしれない」と電話口で慟哭《どうこく》していたそうです。不器用で無口な父だったので誰かに弱音を吐けていたと知り少しホッとしました。

突然の出来事に衝撃を受けて動揺し不安になるのは当たり前の反応ですので、なるべくひとりで溜め込まないことも大事です。父が頼りにならないので私達きょうだいは逆に一致団結できましたが本当はとても心細かった……。親を頼れないヤングケアラーに関してはぜひ周りの大人が目を配って欲しいと思います。「お腹がすいていないか」「不安なことはないか」など何気ない声掛けで構いません。気に掛けてくれる大人が身近にいると思えるだけでも安心に繋がります。このヤングケアラーの問題に関しては別の章でご紹介します。

●「自分しかいない」という思い込みや決め付けをしない

そして大事なのはその後です。まずは介護を担うのは「自分しかいない」という思い込みや決め付けをしないということ。どれぐらいの人が介護を理由に仕事を辞めているのかというとなんと年間約10万人です。そしてその8割が女性という状況が長年続いています。さらに最近では未婚の男性も増えていますので、これからは介護を妻に頼ることのできない中高年の男性が介護離職を迫られるということになります。しかも誰にも相談せずに切羽詰まってからいきなり辞めますと退職してしまう人が少なくないのです。

ここで一回立ち止まって下さい！「もし仕事を辞めた時に経済的にやっていけるのか」という現実問題をしっかりと考えることは、終わりの見えない介護生活をスタートする前に必ずやっておかなければならないことです。親の年金があると思っている人がいますが、当たり前のことではありますが親が亡くなれば年金は支給されなくなるということも覚えておいて欲しいです。介護保険制度がありますが制度を維持するために、国民一人ひとりの負担は増えることはあっても減ることは残念ながらありません。

何故なら日本の超高齢社会の本番はこれからやってくるからです。**〈団塊の世代〉**約800万人全員が75歳以上、つまり後期高齢者になるのは2025年のこと。2025年問題とずっと指摘されてきましたが何が問題なのかというと、例えば75歳未満の1人当たりの医療費は平均約36万円ですが、75歳以上では約92万円となんと約2・5倍になり、介護費も同様に大きく膨れ上がります。介護保険料も制度が始まった2000年は全国平均が2000円台でしたが、2024年では6000円を超えています。

＜介護、その後＞をイメージして自分の人生設計をすること

将来が暗く思えてしまうデータはいくらでも挙げられますが、ここでお伝えしたいのは仕事を辞める必要はないということです。介護と仕事を両立させるために介護サービスがありますので、上手に利用しながら自分の人生も大切にして下さい。介護には必ず終わりがやってきます。仕事を辞める決断をする前に＜**介護、その後**＞をイメージし、せっかく積み重ねてきたキャリアを捨てることで自分は後悔しないかと自問自答して欲しいです。40代50代の再就職が厳しいことは明らかであり、経済的な面だけではなく精神的な余裕を持ちながら介護をするためにも、＜**自分の人生設計**＞を考えることは実は自分のためだけでなく親のためにもなるのです。私自身の介護と仕事の両立に関してはまた後でお話ししたいと思います。

申請主義の日本では待っていても支援の手は差し伸べられない

母の病気や治療以外にも医療費を含めた経済的なことや、暮らしの変化への対応など次々と問題に直面しました。私の場合は30年以上前ですので患者家族への支援やサ

ポートが何もなかったのは仕方がなかったと思いますが、今は介護保険制度により第三者の力を借りられるようになりました。ただし在宅や介護の支援体制が整ってきても、介護する家族が抱える精神的な負担はあまり軽減されていないと感じます。がん患者を支える家族は〈**第二の患者**〉と呼ばれ、実は患者さんと同様のケアや支援が必要であることが知られています。ですので支援を受けることを躊躇《ためら》わないで欲しいと思います。前述したように介護保険制度がありますし、実はあまり知られていないだけで病気により生活に支障がある場合に支給される障害者手当など様々な支援制度があります。インターネットで情報を得ることができますし、専門用語なども多く分からないことがある場合はとにかく専門窓口に相談して下さい。介護に関することは自治体が設置している「地域包括支援センター」※が相談に乗ってくれます。どこにあるか分からないという場合は市区町村の介護保険担当窓口に問い合わせれば教えてくれます。また地域包括支援センターでは介護予防も含めて高齢者に関する総合的な相談に対応していますので、今すぐに介護サービスを必要としていない場合でも気軽に相談できます。日本は行政サービスを利用する際には自ら申請しなければならない〈**申**

請主義＞の国です。残念ながら待っていても支援の手は差し伸べられませんので、いかにして事前に情報を入手しておくかが、必要な支援を受けるための鍵を握っています。

用語解説　**地域包括支援センター**

介護・医療・保健・福祉などの専門職がチームとなって、高齢者が住み慣れた地域で生活ができるように介護サービスや保健福祉サービス、日常生活支援などの相談に乗り支援を行う総合的な窓口です。高齢者本人だけでなく、家族や地域住民からの相談も可能です。具体的には介護保険に関する相談や申請、介護保険以外の制度や社会資源に関する情報提供、虐待防止や権利擁護、介護予防事業など様々な業務を担っています。公的な機関なので相談は無料です。

●医療と暮らしの両方の視点を持つキーパーソンを知っておくこと

支援に関する必要な情報を入手するためにも、様々な場面で頼りになる専門職の存在も知っておいて欲しいと思います。病気や治療に関して一番詳しいのは医師ですが、治療後の介護や暮らしについては、残念ながら関心が無い、もしくは自分の専門外と思っている医師も少なくありません。ここでは介護や暮らしのキーパーソンをご紹介します。

私の母も病気がきっかけで介護が必要になりましたが、高齢者の場合も病気が治っても退院後に介護サービスが必要になることがあります。状態や症状が落ち着いていれば入院中に要介護認定を受けることができますので、まずは主治医に相談して下さい。要介護認定には1か月ほどかかりますので、退院前に準備をしておけば自宅に戻ってすぐに介護サービスを利用することができます。ある程度の規模の病院には「退院支援室」「地域連携室」という相談窓口が設置されていて、自宅での生活にスムーズに移行できるように退院支援をする看護師や医療ソーシャルワーカーがいて、介護認定に必要な手続きや申請方法などを教えてくれます。また家族が遠方に住んでいる場合は代行申請をしてもらうことも可能です。医療サイドのキーパーソンはこの退院支援看護師や医療ソーシャルワーカーになります。退院支援看護師はまだ全ての病院に配置されているわけではありませんが、入院中から治療後のことを一緒に考えて、在宅で必要なケアや困り事などを把握し、医療と生活の両方の視点から患者や家族を支援し、病院と地域を繋ぐ役割をする看護師になります。もし病院に地域連携室などの窓口が無い場合は、お住まいの地域にある前述の地域包括支援センターに在宅で必要な介護サービスを受けるためにはどうしたら良いか相談して下さい。そして、在宅復帰の鍵を握る介護サイドのキーパーソンはケアマネジャーです。すでに介護認定を受けている場合は担当のケアマネジャーがいますので、退院※する前に病院で行われるカンファレンスに生活者の視点を持ち自宅での生活をイメージできるケアマネジャーに参加してもらうことで、病院の医師や看護師では気付かない質問や提案をしてもらえるはずです。本人の意志や家族の経済状況や介護力などをきちんとケアマネジャーに伝えて一緒に最善の選択肢を選んで下さい。早め早めの対応をすること、そして地域で利用できる制度などの社会資源に精通している第三者の力を借りることで、親と離れて暮らしていても介護を続けることは可能です。

・用語解説・

退院前カンファレンス

退院後に多職種による在宅サービスを利用する必要がある時に実施する、医師や看護師などの医療関係者と在宅医、看護師、ケアマネジャーなど在宅サービスのスタッフによる会議のこと。直接顔を合わせて情報共有することで退院後の連携がスムーズになりますし、患者と家族も参加することで、在宅での不安の解消や希望を確認する大切な機会になります。

●心理的・社会的な問題にも寄り添う医療ソーシャルワーカー

医療ソーシャルワーカーは医療機関の中で働く唯一の福祉職です。病院だけでなく介護や教育の現場でも活躍する生活相談員で、必須ではありませんが社会福祉士や精神保健福祉士などの資格を持っていて、福祉に関する専門知識を活かして社会的な支援を行う専門職です。医療ソーシャルワーカーは退院前カンファレンスでは多職種を調整する役割を果たし、退院後の生活支援、社会復帰支援、医療費などの経済的な問題の解決の相談にも乗ってくれます。

実は30年前に経済的な面で私達家族を救ってくれたのがこの医療ソーシャルワーカーでした。「医療費のことで何か困ったことがあったらいつでも相談して下さい」と会計窓口に座っていた制服姿の私に声を掛けてくれたのが医療ソーシャルワーカーの鳥羽さんでした。当時は白衣を着ている人は全員医師だと思っていましたが「僕はこの病院のソーシャルワーカーです」と名乗った鳥羽さんが、高額療養費制度※や重度※心身障害者医療費助成制度があることを教えてくれました。この高額療養費制度や障害者の医療費助成制度の申請は病院ではなく、加入している公的医療保険の窓口か市役所で手続きをする必要がありましたが、当時は病院の会計窓口では制度のことは一切教えてもらえませんでした。もし鳥羽さんと出逢っていなければ我が家の家計は間違いなく破綻していましたし、本当にどうなっていたのかと想像するだけで恐ろしいです。公的な支援制度にも詳しく経済的な問題だけでなく、心理的・社会的な問題にも寄り添ってくれる医療ソーシャルワーカーの存在はぜひ知っておいてもらえたらと思います。

・用語解説・

高額療養費制度

医療機関や薬局の窓口で支払った医療費の額が1か月の限度額を超えた場合に、超えた分が全額戻ってくる制度です。対象は保険適用された医療費で限度額は収入や年齢で変わります。また事前に手続きをすることで窓口での支払いをはじめから自己負担の限度額までにすることができる限度額適用認定証の交付も受けられます。申請先は病院ではなく加入している「保険者」になりますので、保険証を確認して下さい。今は簡単にホームページで連絡先を調べることもできますし詳しい説明も掲載されていますので一度チェックしてみて下さい。

・用語解説・

重度心身障害者医療費助成制度

心身に重い障害を持つ人と家族の経済的負担を軽減するため、高額療養費制度と同様で保険適用された医療費の一部を都道府県と市区町村が助成する制度です。対象は障害者手帳や療育手帳などを取得している人で、所得制限がありますのでお住まいの自治体のホームページで確認をして下さい。

●障害年金受給の際の意外に知られていない落とし穴……

母が重度の障害者になったことで改めて大切さを痛感したのは〈**国民年金**〉の存在でした。父親は自営業で母自身も仕事はパートでしたのでそれぞれ国民年金に加入していましたが、母のように若くして病気や事故などで障害を負った時に受給することができるのが〈**障害年金**※〉です。問い合わせ窓口は国民年金ならば住んでいる市区町村の年金の窓口や年金事務所などで、厚生年金ならば年金事務所になります。注意しなければならないのはこの〈**障害年金**〉を受給するためには、初診日の時点で国民年金加入期間のうち3分の2が保険料納付済みであることや、直近1年間の保険料を納めていることなど一定の条件を満たしている必要があるということ。きちんと納付していれば問題はありませんが、経済的困窮や年金制度への不信など様々な理由で保険料を納めていない人は、この条件を満たしていないために、障害年金をもらうことができないということがあるかもしれません。父と母もまさか自分や家族が障害を負うなんて想像もしていなかったと思います。私は20歳になる前に母の障害年金の手続きに奔走《ほんそう》したおかげで、大学在学中は保険料の支払いを免除してもらえることを知り免除制度を利用しました。他にも失業などで支払いが難しい場合も免除や減免制度がありますので、いざという時に受給資格がないと慌てないようにするために一度相談をして下さい。

母の代わりに弟妹の学校関係、医療費、役所関係など色々な手続きをしましたが、この障害年金の申請手続きが正直一番大変でした。医師の診断書などの提出書類に不備があると指摘され、車椅子の母と一緒に何度も何度も市役所に通い、受給まで結局3年もかかってしまいました。ですが窓口で担当してくれた女性が本当に親身になってくれて、手続きが無事に終わった時に、「良かったね」と一緒に泣いてくれたことは今も忘れられません。

・用語解説・

障害年金

病気やけがによって生活や仕事などが制限されるようになった場合に、現役世代の人も含めて受け取ることができる年金です。ただし前述した要件を満たしている必要がありますので注意して下さい。また受給の対象となる障害は多岐にわたりますので日本年金機構のホームページを参照して下さい。

URL ▶▶▶ https://www.nenkin.go.jp/index.html

●誰に相談していいのか分からない暮らしに関して……

そして実は母の看病や介護以上に、悪戦苦闘したのが暮らしにまつわる困り事でした。看病に関しては長期入院していましたので、お見舞いに行った時に看護師さんやリハビリ職のみなさんに分からないことがあれば相談することができました。ですが〈**母親代わり**〉に関しては前述した通り父は家のことを一切手伝ってくれませんでしたので、まずは我が家の通帳を見つけ出し家計を把握すること、食事作りや洗濯など家事全て、学校関係の手続き、市役所での手続きなどなど……。伯母や母の友人も助言してくれましたが、右も左も分からない私がやらなければ何も物事が動かない状況にパニックになりそうでした。

そんな暮らしにまつわる困り事や病院に行くほどではないけれどという悩みを聴い

てくれる「暮らしの保健室」という取り組みが全国に広がっています。長く訪問看護に携わってきた看護師の秋山正子《あきやままさこ》さんが、誰にも相談できないまま深刻な事態に陥ってしまう人達の存在に気が付き、地域の人達が気軽に立ち寄れて適切な情報や必要な支援に繋がれるようにと、新宿にある戸山ハイツで2011年にスタートさせたのが始まりです。

また社会福祉士と介護福祉士の資格を持つ松本礼子《まつもとあやこ》さんが相談員を務めている町田市にある「まちの保健室」ではこんなエピソードがあったそうです。ある日の夜に「まちの保健室」を1人の男子高校生が訪ねてきました。話を聴いてみると若年性認知症と診断された父親の代わりに母親が働きに出て生活を支えているという事情を抱えていました。「お母さんに暴力をふるうお父さんを止めようとして喧嘩になってしまう。自分の方が力が強いので抑えつけられるけど、でもお父さんだからやらない」と苦しい胸の内を打ち明けてくれたそうです。ヤングケアラーの彼は認知症の父親の変化にも戸惑っていたはず。松本さんに話ができたことで少しでも心の重荷を下ろせていたらと思います。この男子高校生のように夜に相談が来る人が居たら断れないと松本さんは言っていました。誰でも気軽に立ち寄れて相談できるこんな場所が全国全ての市区町村にあったらなと思いますし、30年前にあったら絶対に私は駆け込んでいました。次の章では私の経験だけでなくこれまでに出逢った認知症当事者の方や介護をしている家族のエピソードをご紹介しながら∧**ありのまま**∨を受け入れるヒントをお伝えできたらと思います。

用語解説　**暮らしの保健室**

病院や役所の窓口とは違って居心地の良い雰囲気で気軽に相談できるのが特徴で、全国50カ所以上に数は増えているそうです。看護師や保健師などの専門職が無料で相談に乗ってくれるだけでなく、地域の人が繋がる場であり医療や介護を学ぶ場にもなっています。中にはお寺と連携した保健室や利用者がボランティアなどの運営側のスタッフになっている所もあります。

詳しくはこちらのホームページから。

URL ▶▶▶ http://kuraho.jp/

受援力

①

不安を言葉にして伝えることから

母が死んでしまうかもしれないと分かった時に味わった＜絶望＞と＜不安＞。今振り返ってみても、私の人生の中で一番辛く悲しい出来事でした。第1章で触れた私の経験談はその後15年も続くことになる母と父の介護の序章に過ぎません。この出口のないトンネルから抜け出すことはできないのではないかと何度も思いました。ですが長い時を経た今だからこそ断言できます。「＜絶望＞は永遠には続かない」と。絶望から立ち直ることは簡単ではないことも知っていますが、「もしもの時」に助けてくれる制度はありますし、頼りになる専門職は沢山いますので安心して下さい。まずは1人で抱え込まずに不安や困り事を言葉にして伝えることから支援は始まります。そしてそれが＜受援力＞の第一歩です。

CHAPTER 2

第2章

障害を負った母の〈ありのまま〉を受け入れるということ……

喪失・受容

言葉も身体の自由も奪われた母……「喪失」と「受容」

人工呼吸器に繋がれ横たわる母……。くも膜下出血の手術は無事に成功しましたが脳梗塞も併発してしまったため一時心肺停止の状態になり、気管切開をして人工呼吸器を装着する緊急手術が行われました。全てが初めて経験することであり衝撃的な出来事の連続でした。脳梗塞を起こす前の母は実は言葉を少しだけ話すことができましたが徐々に「あ、あ、あ……」としか言えなくなり、右手も少しずつ動かなくなり拘縮《こうしゅく》が始まりました。人間の機能が失われていく瞬間を目の当たりにすることに。さらに人工呼吸器を付けてからは口から食事はとれずどんどんやせ衰えていき、手術のために剃髪し側頭部の骨を繰り抜いた状態で骨と皮になってしまった母の姿は、とても直視できるような状態ではありませんでした。

完全看護ではありましたが父は「母のそばにいたい」と病院に泊まり込ん

でいました。お弁当の配達の仕事をしていたので朝5時前には父は病院を出なければならず、さすがに5時には行けませんが、午前6時ぐらいには私が病院に行き、母に付き添うようにしていました。ですがそばにいることしかできないもどかしさや無力感、また容態が急変してしまうかもしれないという不安で頭の中はいっぱいで、受験勉強も何も手につかない状況でした。長い時間を過ごした待合室では同じ日に同じ病気で運ばれた患者さんの奥様が、意識の戻らないご主人の回復を祈りながら千羽鶴を折っていました。ご夫婦には私達きょうだいより少し年上のお子さんが2人いて、成人式の写真を前撮りした直後に倒れてしまったなど、一緒に鶴を折りながら色々な話ができたことは少なからず心を落ち着かせる効果がありました。同じ経験をしたから通じ合うものがあり、今では当たり前に耳にするようになったピアサポート※になったのだと思います。

・用語解説・

ピアサポート

「ピア」とは英語で仲間を意味しますが、同じ悩みや生き辛さを抱える当事者や経験者がお互いに支え合う活動のこと。病気や障害など経験したからこそ分かることがあり、医師や看護師などの専門職にはできないサポートや支援ができます。孤独感の解消、実体験に基づく有益な情報の共有、そして先が見えない不安を抱えている時のロールモデルになるなど重要な役割を果たします。

ひとりで食事も立つこともできなくなったオムツ姿の母……

「私がやるしかない……」逃げ出すこともできず、ぎりぎりの精神状態だった私の支えになったのは幼い弟と妹の存在でした。突然の辛い出来事と重なるからか、30年前の記憶の中の冬の寒さはもっともっと厳しく、今でも忘れられない景色があります。前の夜から雪が降り続き膝下ぐらいまで雪が積もっていて、とても自転車を漕げるような状況ではなく、仕方がないので私は歩いて母の待つ病院へ向かうことにしました。視界も悪く一歩一歩踏みしめながら進む私を呼ぶ声が聴こえて振り向くと、上着も着ずに追いかけてくる妹の姿が。起こさないように出てきたつもりでしたし、早朝なのでまさか母の容体が急変したのかと身構えると「お姉ちゃんヨーグルト忘れたよ」と私がいつも朝ごはん代わりに食べていたヨーグルトを持ってきてくれたのです。本当になんてことない出来事ではありますが、心にぽっと灯りがともるような気持ちにさせてくれた妹に、その後も私は何度も救われることになります。

2か月ほどが経ちようやく命の危機を脱した母はＩＣＵから脳外科の大部屋に移ることができました。医師から告げられていた通り右半身麻痺と言語障害と母には重い後遺症が残りました。体重も30キロ台まで落ち、利き手が動かなくなりましたので初めはひとりでご飯も食べられませんし、立つこともできずオムツをしていました。まだ母は40歳、そして私は18歳……。高校3年生の3学期はあっという間に過ぎてしまい、私は友人に詳しいことを話せないまま卒業し大学受験も失敗して一浪することに。朝早く行く必要はなくなりましたが、家事をこなしながら勉強をし、母の看病のために病院へ通う生活が1年ほど続くことになりました。

静謐な時間が流れる病室で考えた「尊厳」生きるとは……

脳外科病棟の病室には様々な状態の患者さんが入院していました。鼻からチューブを入れられ、呼び掛けにわずかに反応するだけで会話ができない人が多く、母よりも重い病状の方ばかりでした。それでもご家族は毎日お見舞いにきて寝たきりの患者さんに寄り添い「今日は顔色がいいわね」などと話し掛けていましたし、オムツ交換をする看護師さんが「○○さん今日は良いお天気ですよ」と一人ひとりに丁寧に掛ける声がカーテン越しに響いていました。答えが見つかるのは少し先になりますが、この病室で過ごした数か月は「生きるとは」ということを深く考える貴重な時間になりました。

今終末期医療や認知症の介護の現場で〈**尊厳**〉という言葉がしきりに使われていますが、その時に考えていたことはまさにこの尊厳についてでした。「どんな状態でも母には生きていて欲しい」神様は私達家族の願いを叶えてくれました。そして命を取り留めた母は病気や障害を負うという出来事に、いつ誰が直面しても不思議ではないということを身をもって教えてくれましたし、病気になる前もなった後も私達家族にとって〈**母が母**〉であることに変わりはありませんでした。静かで穏やかな時間が流れ、祈りに満ちたあの病室で尊厳は確かに守られていたと思います。元気な頃とは変わってしまった母の〈**ありのまま**〉の状態を受け止める心の準備をするために必要な時間でした。

「新しい人生」のスタートを一日も早く切るためには……

●家族が〈葛藤〉を抱えるのは正常な反応です

元気な頃の面影を失ってしまった母と向き合った時間を振り返りましたが、二度と元の身体に戻らないという〈**喪失**〉は私達家族にとっても非常に重く厳しい現実でした。介護が必要になってからケアに携わる専門職と家族との違いはここにあります。母のように脳卒中の後遺症のために、昨日まで出来たことが急に出来なくなるというケースだけでなく、認知症と診断されこれまで出来ていたことが徐々に出来なくなっていく状況を、家族は簡単には受け入れられないものです。あんなに矍鑠《かくしゃく》としていた父が……あんなに社交的だった母が……という葛藤を抱えるのは正常な反応です。かくいう私も「お姉ちゃんもう起きる時間よ！　起きて！」「お母さん元気になったんだ！」……と母が元気になる夢を何度も見て、目覚めた時の目の前の変わらぬ現実に耐えられずよく泣いていました。ですが、言いたいことを表現することもできず自分でご飯も食べられないなど、一番もどかしいのは母本人だということを、絶対に忘れてはいけないと自分自身に言い聞かせるようにしました。

当時はベッドサイドリハビリテーション※という概念はなく、長期間ベッドに寝たきりだった母はがりがりに痩せて筋肉が落ち、褥瘡《じょくそう》もできていましたし内臓も弱っていました。今も脳裏に焼き付いているのは、大きなベニヤ板に寝かされ全身をベルトで固定し、徐々に角度を直立にしていき立位《りつい》を保てるようにするというリハビリをしていた母の姿です。現在は姿勢を保持する装置もだいぶ進化しスマートになっていますので安心して下さい。

私は子育てはしたことはありませんが振り返ると、自分で起きる、自分で座る、自分で立つ、自分で歩く、自分でご飯を食べるなど、生きていくために必要な基本的なことをゼロから学び習得していくプロセスは、赤ちゃんが成長していく過程とよく似ていました。そのひとつひとつのリハビリを投げ出さずに（実際には歩けませんので逃げ出したくても逃げられない状況でしたが……）頑張っている母を見ていると、私もいつまでも泣いていないで今出来ることを歯を食いしばって必死にやるしかないと思えました。家族が抱える＜**葛藤**＞を一瞬にして消してくれる魔法はありません。ですが障害や病気と向き合う本人と歩調を合わせて、焦らずにゆっくりと少しずつ前を向いて歩いて行けば必ず出口が見えてくるはずです。

・用語解説・

ベッドサイドリハビリテーション

治療と平行して行われるリハビリのこと。安静や寝たきり状態により褥瘡、筋力低下、筋萎縮、関節拘縮、起立性低血圧、心肺機能の低下など二次的な症状が出る廃用症候群を予防し、早期の日常生活活動（ＡＤＬ）向上と社会復帰を図るために、十分なリスク管理の下でできるだけ早い段階から行うリハビリのことで、人工呼吸器を装着し集中治療室に居る患者さんにも実施します。

●忘れないで「貴方はひとりじゃない」ということを……

待合室で一緒に過ごした患者家族が救いになったという話をしましたが、同じ経験をしている当事者の存在は本当に大きいと感じています。これまで認知症、がん、難病、ヤングケアラー、精神疾患など当事者や家族同士が語り合い支え合うピアサポートの活動をしている人達に出逢いお話を伺ってきました。日本では認知症の会として最も長い歴史を持つ※公益社団法人「認知症の人と家族の会」の初代代表の髙見国生《たかみくにお》さんは、まだ認知症が痴呆と呼ばれていた1980年にお母様の介護に直面しました。当時は家族への公的支援は皆無で、自分自身を含めて追い詰められた家族を助けて欲しいという切実な声を受けて、前身の「呆け老人をかかえる家族の会」を立ち上げます。髙見さんも初めは「自分が世界一不幸だ」と思い込んでいたそうですが、同じような想いをしている人が他にも〝ぎょうさん〟いることを知り自分は世界で5番目!?くらいに不幸だと思えるようになったと、京都出身らしいユーモアある表現で話してくれました。「認知症と共に＜**新しい人生**＞を夫婦や家族で歩み始めると前向きに考えてみて下さい」という髙見さんの言葉は、車椅子生活になった母と私達家族の暮らしをまさに言い当てたものでした。

「介護経験により人生が豊かになる。何故なら認知症ケアは相手の心の内を想像してその気持ちに寄り添うことだから」髙見さんの言う通り、認知症だけでなく介護には想像力が求められます。優しく接すれば相手も穏やかになり、笑顔が笑顔を呼ぶ介護はまるで〈**映し鏡**〉のようなもの。そして「人は必ず老いていき、いつか死を迎えるということを、介護を通じて実感するからこそ、今を大切に生きようという勇気が湧いてくる」とも語っていました。家族が認知症と診断された時、誰もが戸惑い、怒り、悲しみに包まれます。そんな同じ苦労をした仲間とは心の深いところで繋がり合い、生涯にわたって心を許せる友人になれると髙見さん。制度も何もない時代から活動してきた先輩の存在が、現在進行形で介護に直面している人やこれから介護に向き合う人の行く道を照らしてくれています。「大丈夫、貴方はひとりじゃない」と……。

・用語解説・ **公益社団法人 認知症の人と家族の会**

日本の認知症施策の礎を築いてきた団体で、介護をしている家族が励まし合い助け合うことと同時に国に対して公的な支援制度の必要性を訴え数々の政策提言を行ってきました。認知症当事者もまた主人公であり「認知症になっても安心して暮らせる社会」を目指して活動。全国47都道府県に支部があります。

URL ▸▸▸ https://www.alzheimer.or.jp/

●忘れないで一番〝困っている〟のは本人だということを

認知症の初期の段階で当事者は自分の中で起きている異変を感じています。認知症の母親を介護していた息子さんからこんなエピソードを聴いたことがあります。お母さんが亡くなった後、財布からATMの振込の方法が細かく書かれたメモと家族全員の名前が書かれたメモが見つかったそうです。しかも自分自身の名前を何度も何度もなぞった跡が……。少しずつ出来ないことが増え記憶が失われていく中で、お母さんが必死に抵抗していたことが伝わってきました。

暴言や暴力、徘徊《はいかい》、介護や服薬の拒否、不潔行為、食事を忘れるなどの行為はかつて<**問題行動**>と呼ばれていました。ですが「もし自分だったら?」と考えてみて下さい。認知症の症状が進むにつれて不安や恐怖が大きくなっていくにも拘わらず、その気持ちを上手に伝えることもできない状況なのです。問題と捉えるのは周囲の人であって、本人は問題を起こそうとしているのではなく、ただ「困っている」のです。

認知症の人の行動には必ず理由があるということはすでに知られています。どうして物を盗られたと言うのか? それは自分が忘れてしまったという失敗を隠そうとしているからであり、汚れた下着を隠すのは人には知られたくないという羞恥心から生まれる行動です。ひとつひとつの行動の裏には必ず本人からのメッセージが隠されています。その小さな小さなSOSに早い段階で気付けるかどうかはみなさんの想像力にかかっているのです。

●「出来ることを奪わないで、私を信じて下さい」当事者の願い

認知症の当事者のみなさんが語れる時代になり本当に多くの人が自分の言葉で〈**認知症と共に生きるとは**〉どういうことなのかを私達に教えてくれています。「出来ることを奪わないで下さい。待って下さい。そして信じて下さい」と訴えるのは宮城県出身で39歳の時に若年性認知症と診断された丹野智文《たんのともふみ》さんです。丹野さんは2015年に当事者による認知症の相談窓口「おれんじドア」を地元の仙台市でスタートさせ、さらに診療所と協力し診断直後のピアサポートもしています。「今日の自分と明日の自分は何も変わらない」「認知症と診断されてもすぐに症状が悪化するわけではない」「進行はするけれど変わらぬ暮らしが送れるように、一緒に考えて工夫していけば大

丈夫」と丹野さんは声を掛けています。

認知症と共に歩みながら、全国各地に足を運んで講演をしたり当事者の悩みに耳を傾けている丹野さんですが、診断された直後は数年で寝たきりになるなど、認知症に関する情報は悪いことばかりで一度は絶望の淵に立ったひとり。そんな丹野さんの希望になったのは笑顔で暮らす認知症の先輩の存在だったそうです。丹野さんとは私がパーソナリティーを務めるラジオ番組や認知症の勉強会などで何度もご一緒していますが、一番印象に残っているのは同級生に認知症であることを告げた時のエピソードです。「次に会った時はみんなのことを覚えていないかも」と言う丹野さんに「俺達が覚えているから大丈夫」と同級生達が声を掛けてくれたとのこと。確かに出来なくなることはあるかもしれませんが、周りの人のサポートや心配りがあれば認知症になっても変わらぬ暮らしを送ることはできると教えてくれています。

●大事なのは失敗しても怒られない環境であり自信を持って行動すること

「この人、しゃべらなくなりました」「認知症になり何もできなくなりました」認知症に対しての偏見や誤解は根強く、こんな風に決め付けてしまう家族は少なくありません。「当然、当事者はしゃべれます」と沢山の当事者の声を聴いてきた丹野さんは指摘。ひとりで外出するのは危ないと、鍵をかけて家から出るのを禁止したり財布を取り上げたり、本人と話し合っていないのに家族が勝手にデイサービスに行くことを決めてしまったり、周囲がよかれと思ってやっていることが実は本人のストレスになっているばかりか、生きる希望さえ奪ってしまっています。本人に失敗させないようにという家族の優しさはよく分かるけれど、大事なのは失敗しても怒られない環境と本人が自分の意思でやりたいことをやれること、そして自信を持って行動することだと丹野さん。「確かにたまに困ることはあるけれど24時間365日困っているわけではない（笑）」とユーモアを交えて話してくれましたが、こうも言っていました。「よく道に迷うけれどよく歩くので健康だし、より良く生きています」と。丹野さんは徘徊についても家が本人にとって安心していられる場所ではないから、その状況から逃げ出したいと思って家を出てしまうケースが実は少なくないと話していました。前述したように安全を優先して家族が鍵をかけることが、本人の自尊心を傷つけているということも知っておいて欲しいです。

認知症の人の「働きたい」という想いを叶えているデイサービス

「働いて妻を楽にしてあげたい……」これは２００４年に開催されたアルツハイマーの国際会議で日本で初めて実名を公表してスピーチした若年性認知症の越智俊二《おちしゅんじ》さんの言葉です。それまでは家族支援が中心でしたが、越智さんの言葉がきっかけとなり当事者の声を反映したサポートにも力が入れられるようになりました。

認知症になっても「働き続けたい」と思っている人は沢山います。そんな認知症の人のために働く機会を作る通所介護事業所（デイサービス）「ＤＡＹＳ ＢＬＧ！」を２０１２年に町田市に立ち上げたのが前田隆行《まえだたかゆき》さんです。「仕事をしたら報酬を得る」というのは社会の常識のはずですが、認知症の人が働くデイサービス設立までの道のりは平坦ではありませんでした。介護保険サービスを利用している認知症の人が仕事をして対価を得ることを想定していなかったという理由で、労働の対価として謝礼を受け取ることは認められないと厚生労働省から言われてしまいます。

「認知症の人が働けるはずがない」そんな思い込みや決め付けにより、可能性が奪われている現状や、認知症でも働くことで社会と繋がり、役割を果たしたいという当事者の想いが無視されているのはおかしいと感じた前田さんは粘り強く厚生労働省と交渉。5年の歳月がかかりましたが、謝礼を受け取ることが認められました。

「金額ではなく自分で働いて給料がもらえるのは嬉しい」とメンバーさん。「DAYS BLG!」では利用者もスタッフも対等であるという考えからお互いに〝メンバー〟と呼び合っています。仕事は自動車販売店に展示されている車の洗車やポスティングなど様々。初めは車を傷付けてしまうのではないかと先方に心配されたそうですが、自分達で洗車の手順を工夫したりすることで問題は全く起きませんでした。

〈**当たり前のことが当たり前ではない**〉そんな状況を変えようと前田さんは、全国に働けるデイサービスを100カ所作ることを目標に2019年に〈**100BLG**〉構想を立ち上げ、2024年8月現在18カ所で活動しています。認知症になってもひとりの〈**生活者**〉として地域の中で普通に暮らし続けたい、そんな当たり前の希望を叶えてくれる「DAYS BLG!」のようなデイサービスが住み慣れた地域にあったら良いと思いませんか。私は勝手に「ＤＡＹＳ ＢＬＧ！」の広報部長を名乗って応援しています。「ＤＡＹＳ ＢＬＧ！」のホームページはこちら。

URL ▸▸▸ https:// 町田 dayshlg.app/

●長い年月をかけてようやく当事者が語れる時代に

経験した人だからこそ分かることがあり、当事者の語りは「実は自分も……」と次の語りを生み出すきっかけになります。そして、その語られる言葉は人を動かし、社会を変える原動力となります。ぜひ、そんな当事者の声に耳を傾けてもらえたらと思います。１００％理解することは不可能でも、気持ちを理解しようとすることは全ての人にできるはずです。そして理解しようとしてくれている人の存在は、勇気を持って声を上げている当事者のみなさんの大きな支えになります。

ヤングケアラーの当事者のひとりとして30年近く医療や介護の現場を取材し、２０１１年に会社を辞めてフリーになってからは私自身の介護の経験を全国各地でお話ししてきましたが、長い年月をかけてようやく当事者が語れる時代になったと実感しています。私が日本テレビのアナウンサーになったのは1995年でしたが、会社の上司から車椅子の母のことを公で話すなと言われたこともありました。信じられないかもしれませんがこれは本当の話です。何故なら1990年代はまだ介護保険制度ができる前で介護は多くの人にとって〈**他人事**〉であり、気軽に第三者に話せることではなく、逆に介護が必要な認知症や障害を持つ家族がいるということを隠さなければならない時代だったのです。

今では誰もが知っているバリアフリーという概念も一般的には知られていなかったと思います。街はバリアだらけで障害者が生きやすい社会環境ではありませんでした。ハートビル法という高齢者や身体障害者にも利用しやすい建物を作ることを促進する法律ができたのは1994年のこと。車椅子用のトイレがある施設は本当に少なくて、設置されていても元気な人が長蛇の列を作っているのが現実でした。和式のトイレは片麻痺の母は利用できませんので順番を譲ってもらうことが度々ありましたが、並んでいる人が車椅子の母の姿を見て「あら⁉　そうよね……」と言葉を飲み込んでいました。「車椅子の人も来るのね」と言いたかったんだと思います。

私に母の話をするなと言ったアナウンス部の上司は、実は遠距離でお母様の介護をしている介護家族の当事者のひとりでした。私とは親と子ほど年が離れていましたが、その上司は大変な想いをして介護をしていたことを誰にも打ち明けられずにいたのだと思います。そしてその上司が特別だったわけではなく「介護をしている人は大変で可哀想」という偏見を多くの介護家族の当事者も持っていたのです。そんな中で「障害を持っていても普通の暮らしができることを伝えたい」と正面から介護経験を言葉にする私は、彼女にとっては心をかき乱す存在だったのは間違いありません。私も生意気な部下でしたので「介護をしていることや母が障害を持っていることは可哀想なことではありません。そうした偏見を解消するために私はアナウンサーになりました」とその上司に啖呵《たんか》を切ったことは今も後悔はしていません。生き辛さを抱えているマイノリティに光を当てたいという強い想いを持っていた私が奇跡的にアナウンサーになることができました。この上司を含め周囲の人の無関心や社会の中に蔓延《はびこ》る偏見の壁に何度も何度もぶち当たってきましたが、よく挫《くじ》けなかったなと自分自身を褒めてこの章を終わりたいと思います（笑）。

受援力

②

他の人の語りに耳を傾けること

重度の障害を負った母と私達家族が失ったものは決して小さくはなく＜喪失＞を＜受容＞するまでには時間がかかりました。現在のように当事者が声を上げられる時代ではありませんでしたが、それでも脳外科の病棟で出逢った物言わぬ患者さんや寄り添うご家族の姿から貴重なことを学ばせてもらいました。「もしもの時」に迷った時は、先に喪失を経験し一度は絶望の淵に立った当事者の存在や語りが、行く道を照らしてくれる希望の光になるはずです。他の人の語りに耳を傾けてみることも＜受援力＞を高めることに繋がります。

CHAPTER 3

第3章

出来ないことではなく出来ることを数える発想の転換

発見・気付き

言葉を失ったはずの母の口から歌声が……「発見」と「気付き」

「破裂している脳の中の瘤をクリップで留めます」左側頭部を開頭して手術用顕微鏡を使って脳のわずかな隙間を広げながら、できるだけ脳を傷つけずに深部にある動脈瘤をクリップで遮断《しゃだん》する……。今思い出しても非常に難しい手術だったなと思います。くも膜下出血を発症した人の死亡率は30％から50％と言われていますが、現在は治療法も進化し脳動脈瘤が破裂する前に予防的に手術することも可能になっています。この本を書くにあたって30年前から現在までの色々な医療の変遷《へんせん》などを調べていたら、今では当たり前になっているCTスキャンが日本で初めて導入されたのは東京女子医科大学脳神経センターで1975年のことだったと知りました。実は母が入院したのは埼玉の病院でしたが、くも膜下出血の手術をしてくれたのは東京女子医大から派遣されていた脳外科の先生だったのです。人生に〈**たらればば**〉はないと言いますが、もしあの時に派遣されていたのが違う専門の先生だったら母は命を落としていたかもしれません。医学の進歩と奇跡の巡り合わせに感謝です。

病状がようやく落ち着き急性期病院から回復期のリハビリ病院へ転院することになった母。倒れてから約4か月後のことで、このリハビリ病院には9か月あまり入院することになりました。現在脳卒中の患者は軽症の場合は10日から2週間程度、重症の場合は3か月ほどと入院期間はだいぶ短くなっています。また回復期病院でのリハビリは150日以内と利用制限が設けられています。早く社会復帰することは大事だと思いますが、母のように重度の障害を負った場合は「この状態で家に戻って大丈夫だろうか」と、本人や介護をする家族が不安になるのは当時も今も変わっていません。

30年前は選択肢が本当になくて遠く離れた療養型施設かリハビリ病院かの二者択一という状況で、私達が選んだのは同じ埼玉県内にある病院でした。お弁当の配達を生業にしていた父は毎朝5時前には家を出て、帰りがけに母の病院に寄り消灯まで付き添ってから夜遅くに帰宅するという生活でした。ですので母が入院していた約1年間はほぼ子供3人だけで暮らしていたということになります。寝る時間を削っていた父も大変でしたが、18歳で全てを背負った長女の私も頑張りましたし、幼い弟と妹も両親の不在によく耐えてくれたと思います。

このリハビリ病院で過ごした日々でも忘れられない思い出が沢山あります。まずは経済的に非常に苦しく子供3人が一緒にお見舞いに行く交通費さえ捻出できなかったこと。県内ではありましたが1人1000円を超える電車賃は大きな負担で、ある時は中学1年生の妹を乗り換えの駅まで連れて行き、そこからは1人で行ってもらい帰りは父と一緒に車で帰ってくるという節約もしました。会いたいのに会えない日々は本当に切なくもどかしかったです。

またリハビリ病院で開催された運動会など様々なイベントにも付き添いましたが、人間の可能性と不思議を目の当たりにしたのがクリスマス会での出来事でした。母は言語聴覚士さんによる言葉のリハビリも受けていましたが、

私の介護経験から

言語障害が重く単語しか言えない状態で、例えば「私は○○がしたい」のように文章を組み立てて話すことはできませんでした。（残念ながらこの言語障害はその後も改善することはなく……）。ですが、みんなで歌を歌う時間になり「四季の歌」が流れると、隣に座っていた母の口から「春を愛する人は♪」という歌声が飛び出したのです。元気な頃のままの母の声でした。驚きと喜びで思わず私は嗚咽《おえつ》して泣いてしまいました。本人も「あれ？　あれ？」とびっくりしている様子でしたが、病気のために失われた能力もありますが〈**可能性**〉は残されているんだと強く感じた瞬間でした。

「お母さんお帰り」と素直に言えた妹に救われた私

自分の足で歩いて家を出てから1年あまり、母が我が家に帰ってくる日がやってきました。装具を着ければ杖を頼りに歩くことはできるようになっていましたが、自宅は本当に狭く段差だらけ……。それまでは子供3人だけの生活でしたが、車椅子生活になった母に、さらに父の世話も加わることになると考えると、正直言うと私は心から母の帰宅を喜べませんでした。さらに浪人生活を送っていた私は2度目の大学受験も控えていてかなり神経質になっていたのだと思います。そんな中で「お母さんお帰り！　本当に良かったね！」と手放しで言えた妹がとても羨ましかったと同時に、ハッとさせられました。

父が休みの日には家族全員で病院にお見舞いに行きましたが、帰り際に病院の玄関先にポツンと佇んでいた車椅子の母の姿を思い出し、たったひとりでリハビリを頑張ってきた母が一番寂しかったのは間違いなく、家に帰りたいと強く願っていたはず。大変なのは自分ではなく母だということを思い出させてくれた妹に感謝です。

経済的、物理的、精神的な負担を全て背負わなければならなかった私が複雑な心境になったように、〝ありのまま〟を受け入れることは大人になれば

私の介護経験から

なるほど簡単にはできないものです。ですが、13歳という年齢だからこその柔軟な心で、車椅子になっても母が私達の母親であることに変わりはないということを理解しているのは尊いことであり、その後の人生において私が迷い悩んだ時に、常に〈**原点**〉に戻してくれる妹の存在は大きな救いになっています。ようやく家族5人がそろったこの日は、認知症の人と家族の会の高見さんが言っていたように町家の新しいスタートとなりました。

「住み慣れた我が家や地域で暮らしたい」という想いを叶えるためには……

●社会復帰のためのリハビリは家に帰って来てからが本番です

妹のおかげで嫌な娘にならずに済みましたが、介護や家事を中心になって担うことになる家族が不安や負担を感じてしまうのは仕方がないことかなと思います。入院していた病院は30年前もバリアフリーでしたので、車椅子でスムーズに移動ができましたが自宅ではそうはいきません。玄関にも上がり框《かまち》がありましたし、扉は引き戸ではなく開《ひら》き戸《ど》でしたので開けたら閉めるを徹底する必要があります。実際に私がやってしまったのですが、扉同士がぶつかってトイレに閉じ込められてしまうというハプニングは避けなければなりません。在宅復帰で最も重要なのは「食事」と「排泄」と言われていますが、細かいことですが替えのトイレットペーパーを取りやすい位置に置いておくことや、そのほかにも歯磨き、着替えなど生活する中で必要な動作を自分ひとりでできるように、家の中での導線を確認し全て一から訓練し直さなければならなかったのです。その意味で社会復帰のための本当のリハビリは退院してからが本番でした。

当時は自宅をバリアフリーにするというノウハウもお金もありませんでしたが、現在は介護保険のサービスの中に自宅のリフォームも含まれています。「住宅改修費」という補助金があり、手すりやスロープを設置したり扉を引き戸に交換できます。第1章で自宅復帰の鍵を握るのはケアマネジャーと書きましたが、リフォームについても相談して下さい。不安の原因は自宅に戻った後の生活を具体的にイメージできていないからであり、母のように車椅子になった場合はハード面の環境を整えることも大切です。精神的な不安だけでなく家族の介護の負担を軽減することにも繋がります。ただし入院中は医療保険が適用されるため、介護保険が使えるのは退院してからということになります。介護のために自宅をリフォームするならば、入院中に介護保険の申請をしておくことで退院後スムーズに改築に取り掛かることができます。

最近は福祉用具も進化していますので、介護を必要とする人の状態や使用環境に合わせて必要なものを上手に活用して下さい。母の場合は当時利用できたのは車椅子、介護用ベッド、杖、ポータブルトイレ、あとは右足に装具を着けていて普通の靴は履けないため専用の介護シューズぐらい。しかも種類も少なくデザインは機能性重視で全然おしゃれではありませんでした。福祉用具に関してアドバイスをしてくれる福祉用具専門相談員もいますので気軽に相談してみて下さい。母の介護は制度が始まる前のことでしたので、もし母が生きていたら「これを使えば自宅で暮せる」「これがあれば外出できる」など福祉用具や介護サービスを一緒に選ぶ楽しみも増えていたのかなと思います。そう！　お任せではなく「自分達はこうして暮らしたい」とケアマネジャーさんには遠慮せずにどんどん意見を言って下さい。当事者の声を反映させることで、介護サービスも福祉用具も今よりももっと良いものになっていくと私は思っています。

●家族の介護負担を減らすのは本人の「自立」です

我が家での新しい暮らしに一番不安を感じていたのはやはり母だったと思います。父は仕事が、私達きょうだいは学校がありますので昼間はひとりで過ごさなければなりません。一日も早く母が自分で出来ることを増やしていかなければなりませんでした。心掛けたのは「障害があるから母にはできない」と初めから決め付けないこと。お茶碗を洗ってもらったり、家族の洗濯物を畳んでもらったり、時間はかかってもいいので何でもやってもらうようにしました。片手だから危ないかなという心配をよそに、お茶碗は私が洗うよりもとても丁寧で米粒の洗い残しは全くなく、食器を割ることもありませんでした。また洗濯物も一枚一枚きちんと畳んでくれた上に、下着など家族別にそれぞれ分類もしてくれていました。スーパーの袋を三角に折るのも上手で、これは母の大事な仕事のひとつになりました。＜**出来ないことではなく出来ることを数える**＞という発想の転換をすることで、母の可能性はどんどん広がりましたし、母の出来ることが増えるごとに私達家族の負担も少しずつ軽くなっていきました。本人から可能性を奪ってしまうのは、周囲の人達の思い込みや決め付けです。それが本人の諦めに繋がり生きる気力さえ奪ってしまうことになります。ささやかでも日常の中で＜**出来る**＞ことを積み重ねてみて下さい。出来ることを数えていくことは介護をする家族にとっても大切なことです。介護のために私の人生も大きく変わることになり同世代のような青春を歩むことはできませんでしたが、母と共に過ごした時間は発見と気付きに満ちていて、かけがえのない貴重な体験を沢山することができました。出来ることを数えることで見える景色は１８０度変わるはず。＜**出来ないことではなく出来ることを……**＞は今も私にとって魔法の呪文です。

●当事者が踏み出す一歩が周囲の人の「気付きの種」に

１９９０年代はまだまだ社会も街中もバリアだらけだったというお話はすでに書きましたが、それでも私達家族は母と一緒に色々な所に出掛けて行きました。週に１度は近所のスーパーに買い物に行き母と一緒に食材を選んだりしました。また月に１度は遠出をすることを目標にして、車椅子でも利用可能な施設や場所を探して足を運ぶようにしました。当時はインターネットがありませんので、まずは電話番号案内やタウンページなどで目的地の電話番号を調べることから始まり、電話をしてエレベーターや洋式トイレがあるかを必ず確認しました。車椅子ユーザーにとってトイレはとても重要です。トイレの失敗は外出を躊躇わせてしまう大きな理由のひとつだからです。外出の時だけオムツをすれば失敗しないかもしれませんが、母はまだ40代で普段は自分でトイレに行けますし、もし自分だったらオムツは嫌だなと思ったので、目的地だけでなく途中で立ち寄れる公共施設やトイレを貸してくれそうな施設があるかどうかも調べました。

　本当に手間がかかりましたが、そんな苦労を重ねて実現した外出は一回一回がかけがえのない思い出であり、母と私達にとっては貴重な成功体験となりました。ある日、梨狩りに出掛けた時のエピソード。この梨園のトイレは元々は和式だったそうですが、母が利用する前に別の車椅子の人が来ていて、和式ではトイレを使うことができないということに気が付いたそうです。和式トイレに洋式の便器をかぶせるという簡易な方法でしたが、そのおかげで母は梨狩りを楽しむことができたのです。「小さな段差でも車椅子にとっては大きなバリアになる」この梨園での出来事は私と母が小さくとも旅を重ねることで、周囲の人にそんな〈**気付きの種**〉を蒔《ま》くことができるという想いを強くするきっかけになりました。

●社会的バリアを取り除くために必要なのは〈対話〉

２０１６年に障害を理由とする差別の解消を推進し共生社会を目指す〈**障害者差別解消法**〉が施行されました。そして２０２４年４月からは民間事業者による障害のある人への「合理的配慮の提供」が義務化されました。この少し分かり辛い「合理的配慮」とは２００６年に採択された〈**障害者権利条約**〉の条文に盛り込まれている考え方で、英語表記の「reasonable accommodation」を日本語訳したものです。配慮という言葉は障害の無い人が障害のある人に対して気を遣うや思い遣るというニュアンスに受け取られてしまいますが、英語の〈**accommodation**〉は便宜や調整という意味がありますので合理的に〈**環境調整**〉することと考えてもらえたら分かり易いと思います。また障害者差別解消法では障害のある人から「社会的なバリアを取り除いて欲しい」という意思が示された場合に、提供に伴う負担が過重でない範囲でバリアを取り除くために必要かつ合理的な対応をすることとされていますが、最近も車椅子ユーザーから駅や映画館をスムーズに利用できずに悔しい想いをしたという声が上がっています。残念ながらＳＮＳでは「車椅子ユーザーの我儘だ」という批判の意見も出ていましたが、前章でも書きましたが当事者の声は人を動かし社会を変える原動力になります。つまり社会的バリアを取り除くためには当事者の声が必要不可欠なのです。誰もが病気や事故などで障害を負う可能性があります。もし自分が車椅子ユーザーになった時に同じように社会的なバリアに行動を制限されたら……と想像力を働かせて欲しいと思います。

母が車椅子の生活にならなければ、私自身も障害を持つ人が直面している〈**生き辛さ**〉に気付くことができず、そのまま見て見ぬふりをしていたと思います。困り事に気付いてもらうためには、当事者が声を上げる必要があるということも母との暮らしの中で痛感したことです。そして社会的バリアを解消するためにもうひとつ重要なのは〈**対話**〉だと感じています。「合理的配慮」は一方的に提供されるものではなく、どうしたら車椅子でも利用できるようになるかを障害の有無に関係なく一緒に考えることであり、お互いにバリアを超える第一歩になります。梨園のエピソードでも分かるように大がかりな改築をしなくてもバリアフリーを実現することは可能です。またハード面で１００％のバリアフリーを実現するのは難しいですが、さり気なく手を差し伸べてくれる優しさがあればバリアはいとも簡単にクリアできます。

●全ての人が〈福祉マインド〉を持ってくれたら社会は優しくなる

２０２１年に東京オリンピック・パラリンピックが開催されましたが、本番前の２０１７年から高齢者や障害のために車椅子を使っている人など移動に困難を抱えている人達が、気兼ねなく外出できる社会の実現を目指して「ゆめ旅ＫＡＩＧＯ！」というボランティア活動を大学生と一緒にしています。コロナ禍前は介護施設を定期的に訪問したり、車椅子で公共交通機関を使って移動し銀座の街を歩くという体験などを実施しました。大きな目標は車椅子ユーザーのみなさんとオリパラを観戦することでしたが、ご存じの通り残念ながら無観客になってしまいました。ですが大学生は現在も地元でパラリンピックの正式種目にもなっているボッチャという重い障害があっても参加できるスポーツを通じて多世代交流を続けてくれています。

スーパーに就職が決まった男子学生がボランティアを卒業する時に、言ってくれた言葉が印象に残っています。それは「町さん、スーパーの陳列を低くしますね」という言葉で、まさにその通り！　全ての人がこの学生のように〈**福祉マインド**〉を持ってくれたら社会はもっともっと優しくなるに違いありません。

法律も整備されハード面でのバリアフリーも確実に進んではいますが、やはり未だに〝へんてこりん〟なバリアフリーが存在するのも事実です。例えば「ゆめ旅ＫＡＩＧＯ！」で高速道路のサービスエリアとパーキングエリアのバリアフリー状況を調査したところ、トイレの個室内のスペースは驚くほど広いのに、車椅子で利用するには入口の幅があと10センチ足りず、中に入れないというところがありました。また車椅子や片麻痺の人が立たなくても手を洗えるようにと、便器のすぐ横に小さな手洗いが設置されていたのですが、その前に手すりが１ミリの間隔もなく取り付けられていました。これでは手は洗えても立ち上がる時に手すりを掴めないという本当に残念なトイレで何カ所もありました。たまたま小さな手洗い器と手すりの規格がぴったりで、そのまま疑問を感じずに取り付けてしまったのだと思いますが、使う人のことをイメージしていない証拠であり当事者の声を聴いていないということが分かります。

表示に関しても「車椅子用」と書いてあるのは親切ではありますが、あまり車椅子を〝優先、優先〟とするのではなく、設計の段階から普通のトイレや駐車スペースをもう少しだけ広くしたり、スロープを1カ所だけでも設置するなどの工夫をしておけば、車椅子であってもなくてもスムーズに利用できるようになります。車椅子に優しいバリアフリーな社会は子育て中の人や高齢者など、全ての人にとって住みやすいユニバーサルな社会に繋がります。

● バリア解消のために必要なのは「もし自分だったら」と考える想像力

「バリアフリーのトイレがあれば外出できるわけではない」こう私に話してくれたのは私がお手伝いしているＮＰＯ法人※「ウィーログ」の代表の織田友理子《おだゆりこ》さんです。バリアフリーに関する点の情報を繋げて面の情報として広げていく必要があると考えた織田さんは、車椅子ユーザーが実際に走行したルートや利用したスポットなどのバリアフリー情報を集約する「WheeLog! アプリ」を開発し、無料で提供しています。「あなたの『行けた』が誰かの『行きたい』に」がキャッチフレーズのこのアプリは、車椅子ユーザーや障害を持っている人が自分の「出来た」や「行けた所」などの情報をアップするだけというシンプルな仕組みで、バリアフリーの専門家である車椅子ユーザーの出来るが沢山詰まっている世界一優しい地図です。織田さん自身も国内に患者が約400人しかいない難病の遠位型ミオパチーを患っていて車椅子ユーザーのひとりです。このアプリの特徴は障害のあるなしに関係なく一緒に参加できること。ユーザー登録している人の7割が健常者で3割は車椅子ユーザーなどの障害者だそう。そしてバリアフリー情報をアプリに投稿することによって、人に助けられるばかりではなく自分が人の役に立っていると障害を持っている人が実感できて、投稿するために外に出ようと思う行動変容にも繋がっているのが嬉しいと織田さんは話していました。

そして旅をサポートしてくれる心強い専門職もいます。私も資格を持っていますが障害のある人や外出に不安のある人を支援する「※トラベルヘルパー」、また末期がんなどかなり難しい状況でも本人の旅をしたいという希望を叶えるお手伝いをしてくれる「※トラベルドクター」です。障害があっても住み慣れた地域で当たり前の暮らしが送れる社会を実現することは私の目標のひとつですが、30年前と比べても着実に〈**優しい社会**〉に近づいていると感じています。

「病気や障害がある人が生き辛さやバリアを感じるのは本人達のせいではなく、そう感じさせる社会や環境の側にバリアがあるからだ」と70年以上も前に語っていたのは※ノーマライゼーションの産みの親であるデンマークのバンク・ミケルセン氏です。生き辛さを解消するために大切なことは「もし自分だったら」と考える想像力と共感力です。障害者や認知症の人など当事者の踏み出す小さな一歩が、社会や人々の意識を変える大きな流れのスタートになると信じています。そのために当事者が語れる社会を作ることも私の使命のひとつです。

・用語解説・

ノーマライゼーション

障害のあるなしに関わらず誰もが平等に、当たり前の生活が送れる社会を実現するという理念です。知的障害児が劣悪な環境の施設に隔離され非人間的な扱いを受けていることを問題視したバンク・ミケルセン氏が提唱し、１９５９年にデンマークで制定された「知的障害者福祉法」に世界で初めてノーマライゼーションという理念が法律に盛り込まれました。ノーマライゼーションという考え方の起源は、1951年にデンマークで結成された知的障害者の「親の会」だったということも知っておいて欲しいことです。

用語解説　**NPO法人ウィーログ**

「車いすでもあきらめない世界をつくる」を目標に活動している団体。バリアフリー情報を共有するみんなでつくるバリアフリーマップ「WheeLog! アプリ」を2017年にリリース。その他にも健常者と車椅子ユーザーが一緒に車椅子体験をする街歩きイベントも実施しています。

URL ▶▶▶ https://wheelog.com/hp/

用語解説　**トラベルヘルパー**

介護技術と旅の業務知識を兼ね備えた「外出支援」の専門家。トラベルヘルパーの育成をしているのはNPO法人日本トラベルヘルパー協会で、障害のある方や健康に不安のある方の希望に応じて、身近なお出掛けから介護旅行まで全ての外出に関する支援サービスを提供しています。

URL ▸▸▸ https://travelhelper.jp/

・用語解説・　**トラベルドクター**

医師、看護師、リハビリ、介護職などの専門職がメンバーの旅行専門の医療チーム。重度の病気を抱え旅は無理と諦めている方でも、主治医や現地の医療機関とも連携して旅先でも安心して過ごせるサポートをしてくれます。旅行の計画から完全オーダーメイドで諦めていた旅を実現し、「今を生きたい」を支える取り組みです。

URL ▸▸▸ https://travel-doctor.jp/

● 介護サービスは家族にとっても社会と繋がる〈糸〉になる……

近所のスーパーに買い物に行く話からノーマライゼーションと大きな話になってしまいましたが、外の社会と繋がることは本人にとっても家族にとってもとても大事なことです。もし介護保険制度が当時あったとしたら、デイサービスは利用したかったです。何故なら、家族介護が当たり前の時代でしたので、どうしても母の行動範囲は限られたものになっていました。母を色々な場所に連れて行ったつもりですが、どうしても自宅での介護は閉ざされたものになりがちです。デイサービスがあったら日常生活の中で、母は家族以外の人と出会い、地域に出るきっかけをもっと作ることができたはず。言葉は不自由ではありましたが持ち前の明るさで、年齢は違っても友達も増やせたかもしれません。また、食事や入浴サービスなど第三者のサポートを受けることで、物理的に家族が余裕を持つことができますし、本人だけではなく介護と向き合う家族もまた、ケアマネジャーなどの専門職と接する機会を持つことになります。家族だけで抱えずに時には弱音や本音を聴いてくれる頼れる人を見つけるチャンスにもなるのです。介護サービスは本人のためだけでなく、家族が社会と繋がる〈**糸**〉になると私は考えています。

２０２４年、介護保険制度がスタートして24年目を迎えましたが、未だに施設を選択したことを悔やむご家族がいます。家族を大切に思うほど後悔の念は強くなりますが、家族の手で介護が〝出来なかった〟と思わずに、また施設に毎日面会に行くことが難しくとも、その中で家族にしか出来ないことを柔軟に考えてみて欲しいと思います。例えば自宅への一時帰宅を叶えるということも家族に〈**出来る**〉ことのひとつです。介護にも必ず終わりが来ます。しかも愛する家族が居なくなるという形で……。私も今「介護、その後」の人生を生きていますが、介護が終わっても人生は続いていきます。だからこそ、介護する側も悔いのないように、そして自分らしい生き方ができるように介護に直面する前からの心構えが大切です。

●「老い」から目を逸らさずに家族でコミュニケーションを……

家族の介護は終わりましたが未だ独り身で人生を折り返してしまった私にとって、今は自分の老後やもし介護が必要になった時にどうするかは自分事であり切実な問題です。まだ自分の親は大丈夫と思っている人も、40歳という若さで倒れてしまった母のように親ではなく自分自身が病気になった場合、子供をヤングケアラーにしてしまうかもしれません。介護の問題は年齢に関係なく直面する可能性がありますが、これだけ話題になっていても家族に介護が必要な状況になってから慌てて準備するという人が多いのが現実です。しかも一番大切な本人の意志が尊重されないままに……。

介護に直面した時のキーパーソンを第1章では紹介しましたが、何より大事なのはもしもの時のことを家族できちんと話し合っておくことです。厚生労働省が人生の最終段階を迎える時にどんな医療やケアを受けたいかを家族や専門職と話し合う「人生会議」※の普及に取り組んでいますが、ここでは終末期を迎える前の、まず介護が必要になった時のことを想定してもらえたらと思います。私の両親も生きていれば団塊の世代でしたが、子供の世話にはならないという人が非常に多いのが現状です。また核家族化も進んでいますので、親子が別々に暮らしているケースも少なくありません。ですが年を重ねると体調や精神的にも少しずつ変化が出てきます。介護が必要になる前に、自宅で最期まで暮らし続けられるのか、もし在宅を選択するならば介護の担い手をどうするのかなど、「老い」から目を逸らさずにコミュニケーションを取って下さい。介護で大切なのは役割分担です。住み慣れた地域で最期まで暮らすことを支えてくれる多職種が沢山いますので、専門職の力を借りることを前提に、家族に出来ることは何かを話し合って下さい。長く続けるためにも＜**チーム介護**＞の体制を具体的にイメージしておくこと。それが介護を先の見えないものにしないためにも重要なことだと思います。

・**用語解説**・ **人生会議**

「もしもの時」のために自分が望む医療やケアを前もって考えて、家族や医療・介護従事者と繰り返し話し合い共有する取り組みです。元々、専門職の間では英語の「アドバンス・ケア・プランニング（ACP）」が使われていましたが、2018年に厚生労働省が＜人生会議＞という愛称で呼ぶことを決め普及活動をしています。

●もしもの時が来る前に出来ること、まずは「親」を知ることから

とは言えなかなか「自分はまだ大丈夫だ」と考えている親に対して介護や終末期の話は切り出しにくいという声を聴きます。もしもの時のために家族に向けて必要な情

報を書き残しておくエンディングノートも最近は沢山種類がありますし、将来意思表示が難しくなった時のために自分に行われる医療行為について希望などを事前に記入しておく事前指示書や遺言などもありますが、いずれも子供と一緒に作成するものではありませんのでハードルが高いかなと思います。

この私の本も気軽に老後について話せるきっかけのひとつになればと思いますが、もっと手軽に親と子のコミュニケーションが取れるツールのひとつとしてご紹介したいのが、ケアポット株式会社が作成した「親ブック」です。くらし、自分史、旅行、食、カルチャー、ワードロープの6つのカテゴリーに分かれていて、気になることや好きなところから書き始められます。行きつけの場所、日常生活をどうやって過ごしているのか、仲の良い友達についてなど、一緒に住んでいても実は知らなかった親の意外な一面や新しい発見ができるかもしれません。特に離れて暮らしている場合には、老後のためというよりも親子の会話のきっかけとして活用できると思います。そのほかにも親の子供時代、青春時代、結婚した頃など子供が知らないエピソードについて、写真を張り付けながら親の思い出アルバムを一緒に作るページもあります。

この「親ブック」を知ったのは母が亡くなってだいぶ経ってからでしたが、昔を一緒に振り返るという作業が出来るところが良いなと思いました。まさか母が後遺症で話せなくなってしまうとは思ってもいなかったので、母の若い頃の話や父とのエピソード、私達の小さな頃のことなどもっともっと話を聴いておけば良かったと後悔していたからです。母はとても筆《ふで》まめだったので昔のアルバムに残された写真一枚一枚に短いコメントが添えられていましたが、残念ながら本人が語れませんので想像するしかなく……。

「親ブック」は全ての項目を埋めて完成させることがゴールではなく、共に作業するプロセスの中で自分の親のことを知り、どう関わればいいのかを考えるきっかけを作ることを大切にしているのもポイントです。また看護や介護が必要になった時にも、専門職に親のことを知ってもらうのに絶対に役立つと思います。

●自分や親の住んでいる街の介護施設やサービスを知っておくこと

デイサービスや特別養護老人ホームという名称はみなさん知っていると思いますが、

実際に親や自分が住んでいる地域にはどんな介護施設があるのか、どんな介護サービスが受けられるのかを把握していますか。介護施設を選択するということは、〈**終の住処**〉つまり人生の最期を過ごす場所を決めるということです。本当に重要な選択ですので介護が必要になってからではなく、ぜひ元気なうちに本人と一緒に色々な施設を見学して欲しいと思います。元気な時に購入するマンションや一戸建てを吟味せずに慌てて決める人はいないのではないでしょうか。立地や建物などのハード面だけでなく、働くスタッフや入居している人達の雰囲気を知ることは非常に大切だと思います。もし見学を拒むような施設であれば選択肢から外して構いません。施設を選択する上で重要なポイントは〈**地域に開かれていること**〉です。私達の暮らしが家の中だけで完結しないように、第二の我が家に選ぶ介護施設も同じだと思います。地域に住む人達が普段から介護サービスに関心を持ち、積極的に足を運ぶことで施設は地域に開かれたものになっていきます。本人も家族もここを選んで良かったと思える施設に出逢うためにも、何より納得して選択するためにも〈**生きた情報**〉を自分の目で確かめる必要があると思います。

そしてすでに施設を選択したご家族が出来ることとしていつもアドバイスしていることがあります。入居している家族の性格や好み、またどんな人生を送ってきたのかを知っているのは家族だけです。忙しくて頻繁に会いに行けないという人でも、その際にアルバムや写真などを持っていってみてはいかがでしょうか。短い時間でも介護スタッフとコミュニケーションを取るきっかけにもなるはず。たまにしか顔を出せないことを後ろめたいと思わないこと、そしてお世話になっているからと遠慮して全てをお任せにしないこと、このふたつもとても大切なことです。場所に関係なく〈**本人の意志**〉を尊重しながら、家族と介護スタッフがそれぞれ出来ることで連携していくのが〈**チーム介護**〉です。チームのメンバー一人ひとりが最善を尽くせば、自宅ではなく施設でもその人らしく暮らすことはできます。

③

想像力と共感力を身に付けること

車椅子の母との暮らしは<発見>と<気付き>の連続でした。障害を持つ人に対して心無い言葉を投げ掛けている人は、自分は当事者にならないと思っているのかもしれません。ですが全員が当事者にならなくても病気や障害は決して他人事ではないということに気付くことはできます。何故なら私もそのひとりだから……。私は今も街で車椅子や白杖を使っている人を見掛けると気になって仕方がありません。見て見ぬふりができなくなったのは母のおかげですし、勇気を出して声を上げている沢山の当事者にも出逢えました。みなさんに共通しているのは「人の優しさに助けられた人はまた別の誰かのために行動できる人」であるということ。<受援力>を磨くために必要なのは想像力と共感力だと感じています。

CHAPTER 4

第4章

「ようやく見つけてもらえた……」ヤングケアラーになった私達

葛藤・選択

私は一浪して大学へ、弟は進学を断念し消防士に……「葛藤」と「選択」

「ようやく見つけてもらえた……」ここ数年、ヤングケアラーが注目されていますが、これが私の率直な感想です。母のように障害があっても住み慣れた地域で当たり前の暮らしを送れる社会を創りたいと思ったのは18歳の時。そして伝え手になってからも私はずっとヤングケアラーの当事者として声を上げ続けてきたんだと、自分自身でも改めて実感しています。初めにみなさんにお伝えしたいのはヤングケアラーは決して可哀想な子供ではないということです。ここまで書いてきたように車椅子の母と過ごす日々は気付きの連続で、同世代が見られない景色を母のおかげで私は見ることができました。

「町さんはいつヤングケアラーだと気付きましたか」とよく聴かれますが、当時は言葉自体がありませんでしたので気付きようがなく……。正確に表現すると自分もヤングケアラーに〝当てはまる〟ことを再確認したということ

私の介護経験から

になります。小学生の低学年では難しいかもしれませんが、中学生ぐらいになれば間違いなく周りの友達とは違う家庭環境であることには気付いています。実際に2020年に初めて実施されたヤングケアラーに関する全国調査でも公立中学2年生の5・7％(約17人に1人)、公立高校2年生の4・1％(約24人に1人)がヤングケアラーに該当するという現状が浮かび上がりましたが、家族の誰かの世話をしていると答えた子供の多くが、自分自身をヤングケアラーだとは思っていないということも分かりました。

親や家族に何らかの事情があり、そのケアや手伝いをするのは子供としては当たり前のことであり、私もそうでしたが「自分がやるしかない」と多くの子供が思っているからです。また助けが必要なほど大変ではないから自分はヤングケアラーには当てはまらないと考えている子もいます。突然「貴方はヤングケアラーなのよ」と言われても「だから何？」という感じではないでしょうか。〈**ヤングケアラー**〉とラベリングするだけでは問題は解決しませんし、支援で大事なのはケアなどを担っていることで「何に困っているか」

をきちんと本人が言語化できるかです。ヤングケアラーだと自覚しなければ必要な支援には繋がりませんので、自分がヤングケアラーに当てはまると知ることは必要だと思います。また全てのヤングケアラーが手厚い支援を必要としているわけではないということも知っておいて欲しいです。

時間がないと言い訳もできず死に物狂いで駆け抜けた1年

急な病で倒れ長期入院をした母のお見舞い、弟妹の世話や家事を含め全てのことが私にとっては初めてのことで、いつまでも終わらない洗濯、毎日の食事作り、ぎりぎりの生活費のやり繰りなど、やらなければならないことが次から次へと押し寄せてきて24時間では時間が全く足りませんでした。慣れない母親代わりをこなしながらの浪人生活でしたが、勉強する時間がないと言い訳をすることもできず、死に物狂いで駆け抜けた1年でした。

私の介護経験から

無事、家から通いやすいという理由で第一志望だった立教大学に合格することができましたが、大学受験にまつわることで父には最後まで内緒にしていたことがあります。母が倒れたことにより進学は絶対に無理だと諦めていた私の背中を後押ししてくれたのは実は父でしたが、それには理由がありました。事故により30代で父親が亡くなったために母子家庭で育った父は、経済的な理由で大学進学を断念していたのです。大学に行くという夢を叶えられなかった父は、自分が憧れていた早稲田大学に娘を行かせたかったようです。ただ早稲田大学の受験日は時期が遅かったため、先に受かった立教大学に入学金を納めなければなりませんでした。経済的な余裕もありませんし、リハビリの病院から母も受験前に自宅に戻ってきていて、もう十分頑張ったと私の緊張の糸はすでに切れてしまっていました。

車椅子の母と父と一緒に近所を散歩していた日は、実は早稲田大学の受験日……。「お姉ちゃん早稲田はどうした？」と聴かれましたが「大丈夫、大丈夫」と曖昧に返事をした私の態度から、もしかしたら父も察していたかもしれません。その後、父は一度も早稲田とは口にしませんでした。このくだりだけだと父の夢を娘が叶えたという麗《うるわ》しい話になってしまいますので父の悪口はのちほどたっぷりと（笑）。

自力では〈負の連鎖〉から抜け出せずにいる子供達……

ヤングケアラーが抱えている悩みは「勉強」「進学」が一番多いことが、様々な実態調査からも明らかになっています。私達きょうだいの中で、母の介護により人生が大きく変わったのは弟だったと思います。母が倒れてから3年が経っても我が家の経済状況は劇的に改善することはなく、高校生の弟は進学を断念するという決断をしました。しかも家族の誰にも相談せずに……。年末のある日「姉ちゃん」と切り出した弟の口から飛び出したのは「俺、消防士になるわ」という言葉でした。〝なろうかな〟ではなく、すでに願書も出していて後戻りはできない状況を作ってからの報告でした。理由は妹の制服の替えが買えないという環境の中でもう一人大学に行きたいとは言えないから。きっと考えに考え抜いた上での選択だったのだと思います。私も奨学金で大学に通っていたので、奨学金をもらえば行けないことはないと説得はしましたが、弟の意思は固く翻《ひるがえ》ることはありませんでした。また弟が働くことを選択したのは親を頼ることができない以上、これからは自分の力で自立して生きていくという決意表明だったと、のちに気が付きました。

人生に〝たられば〟はありませんが、もし私と弟の生まれる順番が逆だったら間違いなく運命は違っていました。また母が倒れるのが1年早ければ、私は高校を卒業できただけでありがたいと考えて進学を断念していたと思います。逆に1年遅かったら高校卒業後に私はきっと家を出ていましたので、新しく始めた生活を一度整理して家に戻らなければならなかったかもしれません。弟のように多くのヤングケアラーは自分のせいではないにも拘わらず、進学は自分には贅沢だと思い込んでしまっています。将来の選択肢を自分自身で制限せざるを得ない厳しい現実と向き合っているヤングケアラーがいるということを知ってもらえたらと思います。私もそうでしたが自分の力では〈**負の連鎖**〉から抜け出したくても抜け出せないのです。この章ではそんなヤングケアラーが抱えている課題を知っていただくと共に、どんな支援が必要なのかをみなさんと一緒に考えられたらと思います。

ヤングケアラーに必要なタイミングで必要な支援を届けるためには……

●「誰にも相談できない」悩みを言語化できないヤングケアラー……

浪人生活を死に物狂いで頑張ったと書きましたが、まず私がしたのは「友達と連絡を絶つ」ということでした。当時、お付き合いしていたパートナーにも家のことと受験が大事だからと距離を置くと宣言しました。母の看病に追われたまま卒業式を迎えてしまった私と、新しい一歩を先に踏み出した同級生達との境遇があまりにも違い過ぎて、一緒にいることが辛かったというのも大きな理由でした。私の大変さを同世代には理解してもらえないと思いましたし、簡単に「亜聖の気持ちが分かる」と言われるのも嫌だったのです。分かってもらいたいし助けて欲しいけれど、一方で同情されたくないし憐《あわ》れみを受けたくない……など複雑な感情が交錯して自分自身でも解決できない心理状態に置かれていました。そして介護や家事の悩みは〈**家庭の問題**〉であり、学校の先生に相談しても仕方がないし、どうせ解決しないとも思っていました。母親代わりとして弟と妹の入学式や三者面談も私が出席していましたので、我が家の事情は理解してくれていたと思いますが、進学を断念した弟もどこまで家のことを先生に相談できていたか……。また、妹はまだ中学生でしたので友達や先生に対して、自分の悩みを正確に言語化することはできなかったのではないかと思います。

さいたま市が実施したヤングケアラーに関する令和3年度の実態調査を見てみると、助けて欲しいことは何かという質問に対して「自分のいまの状況について話を聞いてほしい」が92人、「進路や就職など将来の相談にのってほしい」が65人、「学校の勉強や受験勉強など学習のサポート」が83人と具体的に答えている生徒がいます。ヤングケアラーの調査を読み解く上で大事なのはパーセンテージではなくこの〈**実数**〉です。困っていると声を上げている子供がいるという現実を学校の先生をはじめ周囲の大人はしっかりと受け止めなければなりません。そして中には学校に通えていないと答えた生徒が8人もいました。では、その悩みを誰に相談しているのかというと、一番の相談相手は家族で66・82%、友達が44・70%、学校の先生は23・96%、※スクールソーシャルワーカー、スクールカウンセラー、役所、医療、福祉、保健などの専門家はわずか数パーセント。学校や専門職が子供達の頼るべき相談者になっていないことはこの結果からも明らかです。
国は福祉の専門家であるスクールソーシャルワーカーの配置を充実させるとしていますが、全ての学校に配置されているわけではありません。現状ではスクールソーシャルワーカーの身分は非常勤職員で学校に配置されるのは週1度ほどで、複数校を掛け持ちしている人もいます。時間的にも身分的にも制約があり、教員や生徒と顔の見える関係を築きにくいという声や悩みを抱えた生徒への継続的なアプローチには限界があるという声がソーシャルワーカーからも上がっています。私は2023年から東京都教育委員会の事業で都立高校でヤングケアラーに関する授業を担当していますが、生徒からはたまにしか来ない知らない大人に気軽に家庭の問題を相談できない、毎日いてくれればもっと相談しやすくなるのにという意見も出ています。ただし中には身近な友達や先生よりも第三者の方が気を遣わずに話ができると話す生徒もいました。

【参考】さいたま市ヤングケアラーに関する実態調査（令和3年度）
https://www.city.saitama.lg.jp/006/014/008/003/010/006/p084207.html

・用語解説・

スクールソーシャルワーカー

全国の公立の小学校、中学校、高等学校、特別支援学校などに配置されている、家庭や学校、友人、地域社会など、児童や生徒を取り巻く環境に働きかけることによって問題を解決する専門職で、教育と福祉に関する知識を持っています。社会福祉士や精神保健福祉士などの資格を持っている人だけでなく、教育や福祉の分野で活動実績がある人もスクールソーシャルワーカーになれます。心の専門家として児童や生徒に対して心理面のサポートをするスクールカウンセラーとはまた別の役割を果たします。

●ヤングケアラーかなと思ったら見て見ぬふりをしない

ヤングケアラーがケアを担っている理由は、認知症や高齢の祖父母の介護だけではなく、親が精神疾患や何らかの依存症を抱えていたり、兄弟姉妹が病気や障害を持っていたり、ひとり親家庭で遅くまで働く親の代わりに家事をしていたり、日本語を話せない、または障害で会話が難しい家族の通訳をしていたりなど、一人ひとり本当に様々です。高齢者やがんをはじめ特定の疾患が原因となる介護ではないケースでは介護保険制度を使うことはできません。重度の身体障害や精神障害、進行性の難病により常に介護が必要な人が24時間利用できる重度訪問介護※という支援制度もありますが、残念ながらまだまだ認知度が低いのが現状です。提供している事業所の数も十分ではなく、当たり前に利用できる制度になっていないという課題があります。大人も知らないこういった支援制度の情報をヤングケアラー自らが手に入れることは不可能に近いのではないかと思います。

・用語解説・

重度訪問介護

障害者総合支援法で定められている障害福祉サービスで、脊髄損傷、筋萎縮性側索硬化症（ＡＬＳ）、筋ジストロフィーなどにより重度の肢体不自由がある人、知的障害や精神障害により日常生活が困難で常時介護を必要とする人が対象です。ヘルパーによる訪問介護サービスで、24時間連続で支援を受けることができます。重度の障害があっても自宅で暮らせるように身体介護、家事援助、移動介助など生活全般の支援や見守りなど利用者一人ひとりに合わせたサービスを提供してくれます。

最初の章で母の医療や障害の手続きで何度も市役所に足を運んだと書きましたが、私自身は自分の困り事を市役所の窓口で相談したことはありませんし、残念ながら「貴方は何か困っていないのか」と声を掛けてくれた職員さんもいませんでした。当時はヤングケアラーという言葉はありませんので、10代で車椅子を押して相談に来ていた私の存在を誰も気に留めてくれなかったのだと思います。ですが病院の会計窓口では医療ソーシャルワーカーさんは私に気付いてくれましたし、今はこれだけ注目を集めていますので、学校、病院、地域の中で「もしかしてヤングケアラーかも」と思える子供を見掛けたら絶対に見て見ぬふりをしないで欲しいと思います。

コロナ禍で病院のお見舞いには制限がありましたが、母のように親が突然倒れて入院した場合は必ず病院にも子供は足を運ぶはずです。医療ソーシャルワーカーさんを対象にした講演をしたことがありますが、今までヤングケアラーの存在には気付かなかったと話していました。でもそれは市役所の人が私に気を留めなかったのと同じであり、ヤングケアラーになる可能性のある子供かもしれない、もしくはすでに家族のケアをしている子供かもしれないとアンテナを常に張って下さいとお願いしました。面会制限がまだ続くならば家族構成についての聴き取りをするということもできるはずですし、実際に看護師さんの機転により子供の命が救われたというエピソードがあります。児童養護施設出身の若者の実体験ですが、彼のお母さんは精神疾患を患っていて入退院を繰り返していました。ある時、病院の看護師さんが「貴方、お子さんはいるの?」と聴くと「家に居る」と答えたそうですが、看護師さんは母親の様子から異変を察知したのだと思います。母親の育児ネグレクトにより食べ物を与えられずにいた子供3人を自宅で発見した時は餓死寸前だったそうです。「看護師さんが気付いてくれたおかげで自分達きょうだいは死なずに済みました」と彼は話していました。

「この人なら話を聴いてくれる」と信頼される大人になれるか

前述したさいたま市のヤングケアラーに関する実態調査で学校に通えていないと答

えた生徒8人は、もしかしたら彼らのようにSOSさえ出せずに、膝を抱えてひたすら助けを待っているかもしれません。このケースのように言語化ができないような幼いヤングケアラーの場合は、自分の置かれた状況が当たり前ではないということにも気付いていませんので、自分から話をするのは難しいと考えて下さい。私自身も友人や先生に簡単に相談することはできませんでしたが、心のどこかで話を聴いて欲しい、助けて欲しいと声にならない声を上げていました。当事者が声を上げるために重要なのは「この人なら話を聴いてくれるかも」という大人に対する信頼です。その子が心を開けるように時間をかけて寄り添い「ここにいるから」と根気強く扉をノックし続けてもらえたらと思います。

ヤングケアラーに関する講演会で「どんな言葉を掛けたらいいでしょうか？」とみなさんから質問を受けますが、こう話し掛けたら良いという魔法の言葉はありません。何故なら一人ひとり抱えている悩みは違うからです。病院の会計窓口に座っていた私に気付いてくれた医療ソーシャルワーカーさんのように専門の資格を持っている人は、具体的に自分に出来る支援は何かを伝えてもらえたらと思います。また専門職ではない地域の大人にも出来ることがあります。繰り返しになりますが、見て見ぬふりをせずに気に掛けることです。もしヤングケアラーか分からなくとも「あれっ」と気になる子供がいたら「おはよう」「行ってらっしゃい」「おかえり」などの何気ない会話から始めてみて下さい。

私達姉妹はよく車椅子の母と近所のスーパーに買い物に行ったり散歩をしたりしていましたが、母が大好きだった犬をきっかけに言葉を交わすようになり仲良くなった若いご夫婦がいました。我が家ではペットを飼う余裕はありませんでしたので、車椅子の母と散歩している途中で触らせてもらったり、犬を連れて母に会いにきてくれたこともありました。まだ中学生だった妹のことを気に掛けてくれたりして、家族以外の大人と関わりを持てたことは心強かったです。地域の中で人間関係が希薄になっていると言われて久しいですが、ヤングケアラー支援はそんな人の繋がりを再び強めるきっかけになると思います。

●学校の先生は生徒のSOSに気付くゲートキーパー

そして鍵となるのはやはり学校です。何故なら学校には確実にヤングケアラーが存在しているからです。親や家庭が抱えている問題は、自分の専門ではないのでなかなか踏み込めないと考えている先生も少なくないと思います。ヤングケアラーの授業を私に依頼してくれた都立高校では、実際にクラスに当事者がいるとその存在を認識していましたが、どうしたら良いのか迷っている先生もいました。共働きの家庭が増えたことや先生の負担軽減などの理由から「家庭訪問」をしない学校が今は多数を占めています。介護職や福祉職の仲間からよく聴く話ですが、玄関に一歩足を踏み入れればその家庭の生活環境や精神状態など色々なことが分かります。ですが現在はその貴重な機会を先生達は持てていないということになります。何らかの問題を抱えている可能性のある生徒の家庭の状況を目で見て確認することは重要なプロセスです。もし先生ができないのであればやはり家庭訪問などの直接支援ができるスクールソーシャルワーカーとの連携が必須です。学校の先生だけで全ての問題を解決できるとはヤングケアラー自身も思っていません。先生にお願いしたいのはまずは生徒が発するSO

Sに気付くこと。そして家族のケアを担っている子供が何に困っているのか丁寧な聴き取りをすることです。「まちの保健室」を訪ねた若年性認知症のお父さんを介護している高校生の話をしましたが、もし学校の先生やスクールソーシャルワーカーがこの保健室の存在を知っていたら、こういう場所があるよと声を掛け情報を届けることができるはずです。学校の中だけで対処するのではなく、解決方法に詳しい専門職など地域の様々な福祉と繋げる〈**ゲートキーパー**※〉の役割を先生が果たしてくれれば、必要なタイミングで必要な支援に繋げられるはずです。

用語解説

ゲートキーパー

ゲートキーパーは悩んでいる人に気付き、声を掛けてあげられる人のことです。「変化に気付く」「じっくりと話を聴く」「支援先に繋げる」「温かく見守る」という役割がありますが、特別な資格や研修は必要なく誰でもなることができます。またゲートキーパーは「命の門番」とも呼ばれていて自殺対策でも大切な役割を果たしています。

●本人が大事にしていることは何かを感じ取る観察眼を……

母が病で倒れ重度障害を負い車椅子の生活になると分かった時には、私自身の人生もどうなってしまうのか本当に分からず不安でたまりませんでした。まさに出口のない真っ暗なトンネルの中に迷い込んだような状態……。今日を生きるのに精一杯で将来のことなど想像することもできませんでした。そんな私が自暴自棄にならずに済んだのは弟と妹のおかげです。心の支えになったということは前述しましたが、一番身近にいる姉の私が人生を諦めてしまったら、2人も未来を描くことができなくなる。彼らを社会人にするまでは私が歯を食いしばって責任を持って頑張ろうと思えたことは大きな原動力になりました。「弟妹のために」と言葉にすると、私が犠牲になったように聴こえてしまいそうですが決してそうではありません。誰よりも人生を諦めたくなかったのは私自身だったからです。ヤングケアラーへの声掛けで正解はないと書きましたが、「お姉ちゃんの頑張りは弟さんと妹さんがきっと見てくれているよ」と声を掛けてくれる大人が当時いたら、私は号泣して心を開いたかもしれません。頑張っている子供に頑張っていると言葉を掛けても大丈夫です。ただし家のことや介護をやっていることは当たり前のことなので、それ以外でその子が頑張っていることや大事にしていることは何かを感じ取る観察眼も周囲の大人には必要だと思います。私と妹が車椅子の母を連れて外出した時に、よく知らない人から「貴方達、偉いわね」と声を掛けられました。介護をしていることを〝偉い〟と言われることに当時私は大きな違和感を持っていました。大変なことも沢山ありましたので、逃げ出したいと思わなかったと言ったら嘘になります。周囲の大人から偉いねと称賛されることで、ヤングケアラーは「自分がしっかりしなければ」「良い子でいなければ」と思ってしまうかもしれません。何気ない一言が励みになる時もあれば、ヤングケアラーから逃げ場を奪うことになることもあると想像力を働かせてもらえたらと思います。

●教育は最初の〈社会保障〉生まれ育った環境に左右されないために……

弟のように家庭環境が原因で進学を諦める若者をゼロにしたいと心の底から思っています。そのために欠かせないのは〈**教育**〉や〈**学び**〉に関する支援ですが、子供にとって「教育は最初の社会保障」と話すのは一般社団法人「彩の国子ども・若者支援※

ネットワーク」の土屋匠宇三《つちやしょうぞう》さんです。土屋さん達は埼玉県内で生活困窮世帯の子供を対象に無料で勉強を教える学習教室を開くなど、学びを支援する〈**アスポート**〉という活動をしています。子供の将来が生まれ育った環境によって左右されることのないように、そして希望を持って明日への船出ができるようにサポートしていこうと埼玉県が全国に先駆けて始めた事業です。実は6人兄弟でひとり親世帯で育った土屋さん自身もヤングケアラーでした。働いているお母さんの代わりに兄弟がそれぞれ家事を分担していたそうです。また高校卒業後に一度は就職しますが、大学生に憧れがあり再チャレンジして4年遅れで夢を実現します。「子供達にとって勉強することが社会と繋がる手段であり、明日の自分を創るために必要なもの」という言葉は、学び直す機会を得た土屋さん自身の経験から紡ぎ出されたもの。

小中高の子供達にマンツーマンで勉強を教えている〈**アスポート**〉の活動の大きな特徴は、様々な事情から学習意欲を持てていない子供に対して根気よく家庭訪問を重ねている点です。中には親から勉強なんかしなくて良いと言われてしまっている子供もいて、土屋さん達は子供だけでなく親も交えて話し合いをして信頼関係を築くことから始めているそうです。ヤングケアラーは親の代わりに家事をしていることよりも、シングルマザーで必死に子育てをしているお母さんやアルコール依存などの問題を抱えているお父さんのことなど、他人には説明できない家庭環境で悩んでいます。どんな親でも子供にとってはたった一人の親であり「親を責められたくない」という想いも持っています。また「そっとしておいて欲しい」という気持ちは、ヤングケアラーだという理由で特別視され先生や友達から気を遣われてしまうと、学校という本人にとって唯一の息抜きの場所を失ってしまうという不安から生まれているのです。アスポートでは子供が自分からはなかなか言い出せない気持ちを五感で感じることを大切にしていて、先に答えを言わずに子供が自分で考えて言葉にできるまで待つようにしているそうです。前述のさいたま市のヤングケアラーに関する調査で見逃してはいけない回答があります。それは「自分が行っているお世話のすべてを代わってくれる人やサービスがほしい」という質問に対して「はい」と答えたのはわずか5人しかいなかったことです。

ヤングケアラー支援で重要なのは学校の先生がそんな子供の状況や想いを理解して

いるかだと土屋さんは指摘します。宿題よりも家事という日々が続き授業についていけずに、中には不登校になっている子供も少なくないそうですが、そういった事情を知っているだけで、生徒への声掛けや対応は変わってきますし、分かってくれている大人がひとりいてくれるだけでも大きく違ってきます。誰にも勉強を見てもらえずに長年分からないままになっていた問題が解けるという経験は、子供の学びたいという気持ちを引き出します。そんな「できないと思っていたことができるようになる喜び」を感じられるように土屋さん達は今日も明日もサポートを続けています。

・用語解説・

一般社団法人 彩の国子ども・若者支援ネットワーク

福祉事務所、教育委員会、学校など関係機関と協力して実施している家庭訪問の回数は1万件を超えています。家庭訪問や学習教室においてマンツーマンで指導することにより、きめ細やかな支援を届けています。元教員、社会福祉士、臨床心理士、ケースワーカーなど子供・若者に関わる専門職がメンバーで、800人を超える学習ボランティアが活動に参加。活動の詳細はこちらから。

URL ▸▸▸ https://kodomoshiennet-asuport.net/

● 未来を描けるように伴走し、一緒に＜ライフプラン＞を考える

＜学び＞は未来を選択する力や明日を生きる力になる。私もそのことを痛感しているひとりですが、大学進学を諦めなくて良かったと再び痛感したのは就職活動を始めた時でした。実は私は小さな頃からアナウンサーに憧れていて、小学6年生の時には放送部に所属していました。ただ中学、高校時代はアナウンサーになるために何か特別なことをやっていたわけではなく、大学生の時には母の介護や家のことがありましたので放送研究会などのサークルに入る余裕は当然ありませんでした。心の片隅に自分の言葉で伝える仕事に就きたいという想いがあり、まさかアナウンサーになれるとは自分でも思っていませんでしたが、テレビ、ラジオ、新聞を第一志望にし、もしダメだったら障害者福祉の道に進もうと考えました。資料請求をして分かったのはテレビ局や新聞社に入るには4年制大学卒業以上の学歴が必要だということ。18歳だった私があまりにも無知だったことも思い知らされましたし、あの時に進学を諦めていた

ら……と少なからず衝撃を受けたことを今でも覚えています。もちろん大学進学が人生の全てを決めるわけではありませんし、土屋さんのように学び直しをすることはできます。ですがもし自分がなりたいと思っている職業や叶えたい夢がある場合は、どんなプロセスを経る必要があるのかを予め知ることはとても重要なことだと思います。

ヤングケアラーが生きている世界は大人が考えている以上に狭いものです。私自身は同じような経験をしている同世代はおらず、親を含めて誰にも相談することなく進路を決めなければなりませんでした。大きな決断を迫られる前に自立するための〈**ライフプラン**〉を一緒に考えてくれる人がいてくれたら本当に心強いと思います。10代の若者には進学か就職か重大な選択をしなければならないタイミングが必ずやってきます。必要なタイミングで必要な支援や情報を届ける責任は周囲の大人にあります。もし本人が学びたいという意思を持っているならば、学校の先生は奨学金制度をはじめ考え得る学び続けられる情報や選択肢を生徒に提示して下さい。最終的に決断するのは本人ですが、福祉の専門家であるスクールソーシャルワーカーや土屋さん達のような民間の団体と協力しながら、ヤングケアラーが未来を描けるように伴走して欲しいと思います。ひとりの若者の大切な未来がかかっているのですから……。

●ヤングケアラー本人だけではなく同時に親への支援も

ヤングケアラーが抱える問題は親の代わりに家事やケアを担っていることだけではないことは分かっていただけたかなと思いますが、ここでは我が家の最大の悩みの種だった父の話をしたいと思います。団塊の世代だった父は、高校卒業後に九州の福岡から上京。前述したように家庭の事情から大学には行くことはできず東京などで色々な仕事をしていたようです。20歳ぐらいで母と出逢い大恋愛の末に駆け落ちのような形で一緒になり、母が21歳、父が23歳の時に長女の私が生まれました。フォークソングの『神田川』に出てくるような三畳一間の小さなアパートで暮らしていたそうです。今思えばとても若い年齢で父親になったわけですが、私が思春期を迎えた頃の父はいつも不機嫌でムスッと黙って座っていて、いわゆる「厳格な父親」を絵に描いたような感じでした。折り合いが悪かったと書きましたが、少しだけ勉強ができた長女の私に対しては異常なほどの厳しさで「俺の言うことを聞いていれば間違いない」が口癖でした。〝俺の言うこと〟とは遊びやおしゃれなどの枝葉のことには目もくれず、勉強だけしていれば良いんだということでした。最近ヤングケアラーと同様に注目されている、親は子供のためによかれと思っていても、子供の心や身体が耐えられる限度を超えて教育を強制する〈**教育虐待**※〉だったと思います。ただしそんな上から押さえつけるような物言いをされて大人しく従う中学生ではなく、度々激しい言い合いになり家を飛び出したこともありました。ある時には「成績が悪いのはその髪形のせいだ」と難癖をつけられて、前髪を散切《ざんぎ》りにされたことも……。そして、最も質《たち》が悪かったのはお酒を飲むと性格が豹変《ひょうへん》することでした。身体的な暴力はふるいませんでしたが、「誰が食わせてやってると思ってるんだ」などと声を荒らげたり、テーブルの上にある食器を私達に向けて投げつけてきてガラスがバリバリに割れるということが繰り返されていました。母が倒れてからは回数は減りましたがたまに不満を爆発させることがあり、そんな時に標的にされるのは長女の私だったのです。家事を何もしなかったことは些末《さまつ》なことで、私達きょうだいを苦しめたのはこの父の酒癖でした。

母親代わりではなく「お前が母親」だと言ったのも、代わりであれば母と同じように出来ないことがあっても仕方がないというニュアンスがありますが、〝母親〟という表現には、私に完璧を求める父の深層心理が表れていたのだと思います。取材や講演会などで介護に直面したご家族に沢山お話を伺っていますが、当然ですがどの家庭でも男性もきちんと家事を分担してやっていました。私の父は「俺は何もやらない」と宣言していたのだと改めて気付きました。そして、その言葉通り私が悪くないのに、中学生の妹が部活で帰りが遅くなった時には「母親のお前が悪い」と言われて、私が家を追い出されたこともありました。それもきちんと家族のご飯を作った後に……。悪口を言い出すと切りがありませんのでこれぐらいにしたいと思いますが、父の酒癖のことは簡単に誰かに相談できることではなく、嵐のような夜を過ごした翌日に、「またうちのくそじじいが昨日暴れてさ」と友達の前では笑い飛ばし、気持ちを無理矢理切り替えるしか方法がなかったのです。それが人生を父に支配されないために私ができる精一杯の抵抗でした。

元々、不器用だった父は子育てに関してもどうしたらいいのか分からなかったのかもしれませんし、母が重い障害を負った時も現実を簡単には受け入れられなかったのだと思います。だからと言ってお酒を飲んで暴れていい理由にはなりませんが、娘の私に弱音が吐けなかった気持ちは少し分かります。ここで私が言いたいのはお酒の力を借りなければ、心の中の澱《おり》を吐き出せなかった父にこそ支援やケアが必要だったのではないかということです。父が身を粉《こ》にして働いているのは子供ながらに理解はしていましたし、どんなに頑張っても〈**どうしようもない人生がある**〉ということを父の背中を見て感じていました。私に勉強を強制したのも自分では叶えられなかった大学に行くという夢を託したかったからでしたし、さらに父が私に伝えたかったのは「貧困の連鎖」を断ち切って欲しいというメッセージだったと、父亡き後に気付きました。

自分の心の内を言語化することは、ヤングケアラーだけではなく大人のケアラーもまた難しいのです。私の父のように人を頼るのが苦手で「助けて」と言えない状況に置かれている親への支援も同時にしなければ、ヤングケアラーの問題を根本的に解決することはできません。

用語解説　**教育虐待**

子供の意思に反して受容限度を超えて勉強を強要することを指す言葉として最近注目されていて、精神的にも肉体的にも回復できないほどの大きな苦痛やダメージを与えてしまうことがあり、教育虐待が動機となり息子が両親を殺害するという事件も起きています。ただし２０１１年に日本子ども虐待防止学会で教育虐待という言葉と概念を報告した武田信子《たけだのぶこ》さんは「親が悪い」という個人の責任や問題という狭義の意味ではなく、日本の教育を巡る状況や価値観が子供にとって虐待になっていると指摘しています。

●＜社会的ネグレクト＞により孤立しSOSを出せないシングルマザー

２０２０年に感染拡大が始まった新型コロナウイルスは女性に深刻な影響を及ぼしました。派遣など非正規雇用で働いていた多くの女性が仕事を失い、配偶者からのドメスティック・バイオレンス（ＤＶ）被害の相談件数も急増、さらに全体としては減少傾向だった自殺者数も、コロナ禍前と比べて女性の自殺者数が増加したことが厚生労働省の調査でも分かっています。ただしこれらの問題は女性活躍と口では言いながら、コロナ禍前から日本の社会には男女の格差があり、ジェンダーの平等が進んでいなかったということが背景にあり、元々女性が脆弱な立場に置かれていたということが顕在化しただけです。

例えばシングルマザーの世帯は父子家庭よりも平均世帯年収が低いことが厚生労働省の「令和3年度全国ひとり親世帯等調査」でも明らかになっています。シングルマザーの約4割が非正規雇用で、養育費をもらっているのはわずか28%。貧困に陥ってしまう原因は子供が小さいために正規雇用で働き辛いことや養育費をもらえていないことなどが挙げられます。経済的に困窮している人が利用することができる最後のセーフティーネットとなるのが生活保護制度ですが、申請しようと窓口を訪ねた人を行政が追い返す「水際作戦」が2000年代初めに社会問題になりました。実は報道されなくなっただけで今でも現場ではこの水際作戦が行われています。実際に生活保護の申請に行ったシングルマザーが窓口で職員からひどい扱いを受けたために、二度と公的な支援は頼らないというケースは後を絶ちません。

2024年、ドメスティック・バイオレンス（DV）や性被害、貧困など、様々な困難を抱える女性を支援する「困難な問題を抱える女性への支援に関する法律」が施行されました。これまで公的な女性支援の根拠になっていたのは1957年に施行された「売春防止法」で、男女共同参画を20年以上も政策目標に掲げながら、なんと70年近くも法律が改正されていなかったという事実に愕然としました。前述したように生活保護を申請するために当事者が窓口まで来ているのに助けないということは、さらに困難に追い込むことになります。そういう行為自体がこの法律に違反するということを行政に携わる人は自覚して欲しいと女性活躍に詳しい専門家も指摘しています。

全てのシングルマザー世帯が生活保護を必要としているわけではありませんが、仕事も子育ても「自分がひとりでやるしかない」と頑張るお母さんを見て、子供もまた自分がお母さんを助けなければと思うのは自然なことで、そのことにより学業に影響が出ていたり選択肢が制約されていたりする子供は間違いなくヤングケアラーです。親への〈**社会的ネグレクト**〉が〈**育児ネグレクト**〉に繋がっている現状はあまり知られていませんが、ぎりぎりで持ち堪《こた》えている母親を孤立させないこともヤングケアラー支援では大切なことです。誰もが色々な人を頼りにしながら生きていますが、頼りながら生きていることを意識せずに生きていけるのが本当の自立であり、助けてとSOSを出すことは恥ずかしいことではないということを、私達全員が今一度認識しておく必要があると思います。

●当たり前の暮らしができない〈相対的貧困〉遠い国の問題ではない……

学校の制服代や給食費が払えない、新しい服を買えない、塾に通えず習い事もできない、家族旅行に行けない、大学に進学できない……周りの友達が当たり前にできているのにできないことが沢山あった我が家に当てはまることばかりですが、その国の生活水準と比べて困窮した状態を〈**相対的貧困**〉と呼びます。2000年代半ばから日本の相対的貧困率は上がり始め過去最悪の16・1％になったのは2012年のこと。この時大きく報道されたのは〈**子供の貧困率**〉も過去最悪の16・3％となり、1985年に統計を開始して以来初めて大人を含めた貧困率を上回ったことでした。「子供の6人に1人が貧困」という状況を受けて2013年に「子どもの貧困対策の推進に関する法律」が成立し、翌年に政府は「子供の貧困対策に関する大綱」を策定し学習支援や子ども食堂など様々な支援の取組を進めてきました。

それから歳月を経た2021年の相対的貧困率は15・4％、子供の貧困率は11・5％と改善はされていますが、アメリカや韓国よりも高く先進国の中では最悪の数値であることに変わりはありません。相対的貧困に直面しているのは子供だけではなく、高齢者世帯、単身世帯、母子世帯が多いことも分かっています。貧困は遠い海外の途上国で起きている問題ではありません。確かに医療を受けられない、食べる物が手に入らず飢餓に苦しむなど、生きていく上で必要最低限の生活水準が維持されず命の危機に直面するような状態の〈**絶対的貧困**〉と比較してしまえば、頑張れば生きていけるだろうと思う人がいるかもしれません。ですが厚生労働省の国民生活基礎調査に基づく相対的貧困のライン（可処分所得）は、4人世帯は254万円以下、3人世帯は219万円以下、2人世帯は179万円以下です。この中で家賃や光熱費、食費などの生活にかかる全ての費用、さらに高齢者や病人がいる場合は医療費を、子供がいる場合は学校に関する費用を捻出しなければなりません。我が家もわずかにこの貧困ラインを上回るぐらいで本当に厳しい経済状況でした。

●誰にならなら「大丈夫じゃない、助けて」と本音を吐き出せるのか……

朝から晩まで働いても暮らしは楽にならず、父もまた逃げ出したくても逃げ出せない貧困に喘《あえ》いでいたひとり。それでも当時なんらかの支援があったとしてもプライドが高かった父は「うちには支援は必要ない」と拒絶していたと思います。例えば現在ヤングケアラーがいる家庭にヘルパーが家事支援に入るという取り組みが実施されていますが、父は私を〈**母親**〉だと決め付けていて、家のことを長女がやるのは当然で疑問にも感じていませんでしたので「娘がやっているから大丈夫」と追い返したかもしれません。さらにお酒を飲んで父が暴れることを中学生の時に先生に相談していたら、「なんで家の恥をさらすのか」と火に油を注ぐことになり父の行為はエスカレートしていた可能性もあります。

2000年に介護保険がスタートする前に現場を取材しましたが、介護は家族が担うものという固定観念が根強く、家族がいるのにヘルパーに家事などを頼むなんてとんでもないと抵抗感を持つ人が沢山いました。また他人に家に入って欲しくない、他人の世話になりたくないという理由から介護サービスを利用することを躊躇《ちゅうちょ》する人や親戚や近所など周囲の目が気になり福祉の世話にはなるのは恥ずかしいし申し訳ないという想いを抱えている人もいました。それから20年以上の時が経ち介護サービスを使うことがようやく当たり前になってきましたが、家庭の中に第三者が支援やケアに入ることは簡単ではないということは介護保険の前例でも明らかです。病気や仕事など何らかの理由で家のことができず、子供が代わりにケアや家事などを担わなければならない状況になっていることや、教育を含めた様々な体験の機会を与えられないことに対して申し訳なさを感じている親は少なくありません。シンポジウムで一緒に登壇した元ヤングケアラーの男性が、ヤングケアラーが注目され支援が必要だという声が高まることで、親への偏見やバッシングに繋がるのではないかと危惧していると話していました。「貴方の子供はヤングケアラーです」と言われてしまうということは、その親がやるべきことをやれていないというレッテルを社会や世間から貼られてしまうということになってしまうからです。

この「申し訳ない」「恥ずかしい」という感情はとても厄介なものです。「必死に頑張っているのに、誰かにとやかく言われたくない」と弱音を吐けなかったのは父だけではなく私も同じだったので「障害者の母も私達家族も可哀想ではないので」と第三者の介入を拒んでしまったかもしれません。幸いだったのは元々楽観的な性格だった母は私に対して罪悪感は持っていなかったことかなと思います。もしかすると本当は言葉がしゃべれなかったので心の機微を伝えられなかっただけかもしれませんが……。でも病気になったのは母のせいではありません。重い障害を負いながらも懸命に生きる母には家族に対して、絶対に迷惑をかけて「申し訳ない」と思って欲しくありませんでしたし、私のプライドが許しませんでした。

ヤングケアラーの問題で親への支援のポイントはどんな支援をするかだけではなく、「誰」に言われると素直に聴き入れてくれるかという点も大事だと思います。もし自分が育児も仕事も一家の大黒柱として精一杯頑張っているシングルマザーだったとしたら、学校の先生から「お子さんの教育についてお話が……」と言われたら、親として自分ができていないことを指摘されるのではないかと身構えてしまうはずです。暮らしや制度に詳しいスクールソーシャルワーカーの方が親自身の悩みを相談しやすいかもしれません。私自身も「まだ18歳だからできなくて仕方がない」と周囲から思われるのが嫌でしたので、心配して声を掛けてくれる大人がいても強がって「大丈夫です」と答えてしまっていました。私ですらそうだったのでお酒の力を借りなければ弱音を吐き出せなかった父は、誰にだったら「助けて」と本音を言えたのか……という答えを今も探しています。繰り返しになりますがヤングケアラーの問題は学校を卒業する前に親が抱えている悩みや課題を解決する、もしくは子供のケア負担を軽減するための支援やサポートに繋げなければ、そのまま大人のケアラーになります。ライフステージが変わると関わる大人も少なくなってしまいますし、我が家のように社会人になった子供に親が依存するという状況が続いてしまうかもしれません。

●新設された「こども家庭センター」が名ばかりにならないように

ヤングケアラーに関わる可能性のある専門職は沢山います。学校関係では先生、スクールソーシャルワーカー、スクールカウンセラー、医療関係では医師、看護師、薬剤師、医療ソーシャルワーカー、私の母もお世話になった理学療法士、作業療法士、言語聴覚士、福祉・介護関係では社会福祉士、介護福祉士、ヘルパー、ケアマネジャー、ケースワーカー、地域の中では児童委員、民生委員、保健師、保育でも保育士や幼稚園教諭、あと社会保険労務士も親が病気をした時などの手続きで関わる可能性があります。

今後ヤングケアラー支援の要になるのは「子ども家庭支援センター」だと、ここ数年講演会などでお話ししてきましたがその声が通じたのか、2022年6月に成立した「児童福祉法等の一部を改正する法律」により、全国の市区町村に対して全ての妊産婦、子育て世帯、こどもへ一体的に相談支援を行う機能を持つ「こども家庭センター」の設置が努力義務化されました。所管するのは2023年に発足した「こども家庭庁」です。

これまでは母子保健法に基づき妊産婦や乳幼児の保護者の相談を受ける「子育て世代包括支援センター」と、児童福祉法に基づき虐待や貧困などの問題を抱えていて支援を必要とする子育て家庭の相談を受ける「子ども家庭総合支援拠点」が別々に存在していて、情報の共有や連携が不十分で必要な支援が届いていないと指摘されていました。新たに創設された「こども家庭センター」は保健師などが行っている〈**母子保健機能**〉と、子ども家庭支援員などが中心になって行う〈**児童福祉機能**〉を一体化させ支援を切れ目なく実施するということになります。改正を受けて既存の「子ども家庭支援センター」を「こども家庭センター」に改称している自治体もありますし、新たに設置した市区町村もありますのでお住まいの地域の役所のホームページで確認して下さい。ただし現場からは母子保健と児童福祉では求められる知識や専門性が違っていて、両方に精通している人材の確保が難しく、組織改編とサービスが追い付かず実態の伴わない机上の空論だという厳しい意見も出ています。

実はこれまでも「地域の子供と子育てに関するあらゆる相談」に応じ必要なサービスを提供してきた組織があります。それは1997年に創設された「児童家庭支援センター」です。自治体によって〈**児童**〉と〈**子ども**〉の名称が混在していて、担っている役割が明確でないことや相談機関として周知されていないなどの課題を抱えていました。ここでは児童（子ども）家庭支援センターと表記します。この児童（子ども）

家庭支援センターは前述の「こども家庭センター」設置を盛り込んだ法改正が行われる前の2021年12月時点で全国に158カ所ありました。児童（子ども）家庭支援センターが設置されることになった背景には、増加する虐待に児童相談所が対応しきれなくなったという事情がありました。児童（子ども）家庭支援センターの業務内容は虐待に関する相談がやはり多くなっていて、子どもの居場所作り、啓発活動、家庭訪問などのアウトリーチの活動にかけられる時間が少ないという声が現場から上がっていました。虐待、DV、子育てまで幅広い相談業務を要求される児童（子ども）家庭支援センターですが、センターとは名ばかりで、1998年に当時の厚生省が出した「児童家庭支援センター設置運営等について」という通知によると、運営管理責任者を定めるほか、相談・支援担当が2名、心理療法担当が1名で責任者以外の職員の配置基準はわずか3人でした。脆弱な体制の中で地域の児童相談所、市町村、家庭からの相談に応じていたことになります。

今回こども家庭センターに統合される「子育て世代包括支援センター」は2016年に当時の安倍内閣が打ち出した「ニッポン1億総活躍プラン」に基づいて設置され

たセンターですが、この国がやたら乱立する〈○○**センター**〉は、どこも役所の〝ひとつの課〟程度の規模しか人員がいないのが実情です。ちなみに新設されるこども家庭センターも責任者のセンター長1名、母子保健と児童福祉の業務について十分な知識を有した統括支援員1名を配置することが条件で、わずか2名。しかもセンター長と統括支援員は兼務しても良いことになっています。職員配置については財政支援と合わせて検討するとのこと。自治体によっては既存の「児童（子ども）家庭支援センター」がこれまで通り虐待対応を担い、その他の養育支援や虐待を未然に防ぐ取り組みを「こども家庭センター」が実施するところもあるようです。しばらく混乱が続くことは予想されますが大事なのは多岐にわたる関係各所との連携を強化すること、そして困っている人や悩んでいる人が窓口に相談に来るのを待つのではなく、支援する側が必要な助けが届いていない保護者や子供にアウトリーチしていくことです。

2024年4月からスタートしたばかりの「こども家庭センター」、そしてこどもを真ん中に、こどもたちの権利を尊重し、こどもと家庭を支援する「こども家庭ソーシャルワーカー」という認定資格も新たに作られましたが、この本を書いている段階

（2024年8月）ではまだ現場も手探りの状況で、詳しくお伝えできるだけの情報がありません。いずれにせよ法律には「こども家庭センター」の役割や存在を周知すること、業務に必要な人員体制を整備することも盛り込まれています。看板の掛け替えや絵に描いた餅で終わらないように、縦割りを解消するために創設された「こども家庭庁」はしっかりと司令塔の役割を果たして欲しいと思います。「こどもまんなか社会」を目標に掲げているのですから。

●介護・医療・福祉・教育などの専門職の守備範囲で線引きをしない

介護が必要になっても住み慣れた地域で最期まで自分らしく暮らせるように医療と介護が連携し、それぞれの地域の実情に合わせて住まいや生活支援を含めたサービスを提供する仕組みを「地域包括ケアシステム」と呼びます。ただし、システムと言っても決まった形やマニュアルがあるわけではなく、その地域で働く専門職から地域住民まで一人ひとりがお互いに出来ることで助け合い支え合っていくという〈**概念**〉です。この地域包括ケアシステムを構築するために試行錯誤する様子を10年以上全国各地で見てきましたが、介護現場での多職種の連携も初めから上手くいったわけではありません。医療と介護の連携が上手くいかないことを「まるでルールの違う競技をしているみたいだ」と表現した介護職がいました。病気を治すことを第一の目標と考える医療と生活を支えることを最重要と考える介護。お互いに出来ることや利用者から求められることが違うのですからルールを同じにする必要もありませんし、そもそも初めからルールが違うのは分かっていたはず。ですが医療に詳しくない介護職は医師や看護師に対して劣等感を持つ人が少なくなく、医療が看護の上に、看護が介護の上に……という職域意識が払拭できないことも連携を阻む要因でした。地域包括ケアの真の目的は「住み慣れた地域で当たり前に暮らす」という願いを実現することであり、専門職が連携することは目的ではなくあくまでも手段なのです。

この「地域包括ケアシステム」という言葉が2005年に介護保険に盛り込まれた時に、厚生労働省の担当記者をしていた私は「なんて意味不明なセンスのないネーミングなんだ!?」と正直思いましたが、今はこの名称で良かったと考えています。何故ならこの地域包括ケアシステムを実現するために医療職や介護職などの多職種がこれまで連携してきたノウハウは、ヤングケアラー支援でも必ず役に立つからです。ヤングケアラー支援では学校と福祉、介護、医療の連携が必要不可欠であり、この「地域包括ケアシステム」という概念の中にヤングケアラーやその家族も含めることで、まさに包括的にケアや支援を提供していけるはずです。そのためには、それぞれの専門職が自分の守備範囲で子供達を線引きせずに同じ目的を持ってチームを作ることも重要です。ヤングケアラーのために何をしたらいいのか分からないとまだ多くの専門職が戸惑っていますが、机上や頭の中だけで考えていても答えは出てきません。まずは「本人が何に困っているのか」「本人はどうしたいのか」というこのふたつを知ることから支援はスタートします。それは高齢者、障害者、認知症などのケアと同じです。

おばちゃんのように地域住民全員が〝ソーシャルワーカー〟になれる

「見て見ぬふりをしないこと」が地域の大人に出来ることと書きましたが、親も制度も頼ることができなかった私達きょうだいを身近で見守ってくれた人がいました。それは母の大親友だった〈**山田のおばちゃん**〉です。母がまだ元気な頃、父が暴れて手が付けられなかった時にも夫婦で駆けつけてくれました。また中学生の私が父と大喧嘩をして靴も履かずに飛び出した時に向かった先もおばちゃんの家でした。そして母が倒れた直後も子供だけで過ごさなければならなくなった私達をいつも気に掛けてくれました。18歳で始まった母親代わりは本当に失敗の連続……。生まれて初めて炊いたお米がカチカチで、とても食べられたものではなかったのは今でも忘れられない苦い思い出です。そんな私の様子を見かねた山田のおばちゃんが、自宅に招いてくれて山盛りの唐揚げを食べさせてくれました。3人で泣きながら食べた唐揚げの味は格別でしたし、今でも私の一番好きな食べ物は唐揚げです。仕事帰りに母の顔を見に来てくれたり、休みの日の外出にも付き合ってくれたおばちゃんは、我が家に外の空気を運んできてくれる大事な存在でもありました。

母亡き後もその関係は変わらず、妹が第一子を出産した時には1か月ほど家事を手伝ってくれて助かりました。独身の私はこの時ばかりは頼りにはなりませんでしたので、初めての子育てで不安も沢山あった妹も、おばちゃんのおかげで安心して過ごせたのではないかと思います。弟もおばちゃんが作ってくれたきんぴらごぼうが大好きで「この味なんだよな」と美味しそうに食べていました。何かあった時に迷わずに手を差し伸べることは実は簡単なことではなく、いつもそばにいてくれたおばちゃんに心から感謝しています。

社会的困難に直面したり、生き辛さを抱えていたりする人達の問題を解決に導くことを＜**ソーシャルワーク**＞と言いますが、多くの人がこのソーシャルワークは社会福祉士や精神保健福祉士などの専門職がやるものと思っているのではないでしょうか。私はそうは思いません。何故なら私達きょうだいを救ってくれたのは間違いなく山田のおばちゃんであり、母が築いてくれていた＜**人との繋がり**＞のおかげだったからです。誰もがより良く幸せに生きられるようにお互いに出来ることで支え合う営みに資格は関係ありません。

またソーシャルワークで大事なのは当事者が自分の力で問題を解決できるように支援することとされています。高齢者や認知症のケアでは自分で出来ることは自分でやるという＜**自立支援**＞を大切にしながら、人生の最期まで伴走することが専門職の仕事になります。一方のヤングケアラー支援では何かあったら相談できる繋がりは保ちつつも、〈**自立**〉を目標にして支援が無くとも最終的には自分の足で歩んでいけるようにすることが高齢者ケアとは大きな違いかなと思います。

ソーシャルワークなんて難しいことは10代の私には分かりませんでしたが、山田のおばちゃんは人生で一番辛い時にそばに居てくれて、私達きょうだいが大人になるのを見守ってくれました。いつか恩返しをしたいと思っていましたが、おばちゃんももう70代後半。今度は私達きょうだいがおばちゃんを支える番だと思っています。「人の温かさを受け取った人は優しくなれる。そして誰かのために動く人になる」これは親を頼れずに児童養護施設で暮らしたある若者が言っていた言葉です。私もそう思いますし、動ける人間のひとりでありたいなと思います。

私達きょうだいは友達よりも少し早く親の介護に直面することになりましたが、ヤングケアラーに限らず少子高齢化と人口減少が進んでいく日本では全ての人がケアの問題の当事者になる可能性があります。そしてこれまでは多くの女性が育児や介護などケアの負担を背負ってきましたが、これから介護は中高年の男性の問題です。慣れない家事と介護に追いつめられる男性介護者の悲惨な事例をいくつも見てきました。

私の父のようにならないためにも、男性にこそ〈**受援力**〉が必要だと痛感しています。

男性介護の話はまた別の章で触れたいと思います。

貴方の「学びたい」という想いを正直に言葉にすること……

この章では主に支援する側の大人向けにアドバイスを書きましたが、ヤングケアラーが利用できる制度は実は沢山あります。その一部になりますが主な制度や団体などを紹介したいと思います。家族の介護や経済的な問題を理由に未来を諦めて欲しくないと強く願っています。学びたいという気持ちを持っていることをまずは正直に言葉にして下さい。必ず耳を傾けてくれる大人がいますし、諦めなければ必ず道は切り開かれます。

独立行政法人 日本学生支援機構

私が大学生時代は日本育英会という組織でしたが2004年に日本育英会や留学生への支援を行っていた日本国際教育協会などが統合され、新たに「日本学生支援機構」が設立されています。私が無事に大学に入学できたのはこの団体の奨

学金制度があったからです。大学や専門学校に進学するための奨学金についての情報は日本学生支援機構のホームページに掲載されていますが、奨学金は学校を通じて申し込む必要がありますので、まずは担任の先生に相談しましょう。また２０２０年４月からは返済不要の給付型の奨学金制度がスタートしていますし、独自に奨学金や学費免除の制度を設けている大学も沢山あります。

URL ▶▶▶ https://www.jasso.go.jp/

一般財団法人 あしなが育英会

一般財団法人「あしなが育英会」は病気や災害、自死などで親を亡くした子供達や障害などで親が十分に働けない家庭の子供達を対象として奨学金や教育支援、そして心のケアの拠点となる「レインボーハウス」を運営しています。１９６７年に交通で親を亡くした遺児の支援からスタートし、街頭募金や寄付で進学ができた交通遺児により１９８８年に災害遺児への奨学金制度が作られ、さらに災害遺児が病気遺児の奨学金制度を呼び掛け「あしなが育英会」になったそうです。

１９９５年に起きた阪神・淡路大震災の遺児の心のケアのために作られたのが「神戸レインボーハウス」で、東京や東北、アフリカにも開設されています。大学だけでなく高校、専門学校も対象になります。また募集人数や応募の締め切りもありますので早めに確認をして下さい。あしなが育英会のホームページの中に様々な奨学金情報を検索できるサイト＜奨学金検索システムCanpass＞も掲載されていますのでぜひ利用して下さい。

URL ▼▼▼ https://canpass.ashinaga.org/

生活困窮者自立支援制度

２０１５年に「生活困窮者自立支援法」が施行され、生活保護を受けなければならない状況になる前に、自立するために必要な支援を受けられる制度が作られました。生活全般にわたる様々な悩みや相談を受け付ける自立支援相談窓口が全国各地に設置されています。「働きたくても働けない」「住む場所がない」など仕事、住まい、家計管理など、それぞれの困り事に合わせた支援プランを専門の相談員が一緒に考えてくれます。子供の学習支援事業も含まれていますので、家庭の問題だから家族だけで解決しなければと思い込まずに一度相談をして欲しいと思います。詳しくは一般社団法人生活困窮者自立支援全国ネットワークのＨＰに詳細が掲載されていますのでチェックして下さい。

URL ▶▶▶ https://minna-tunagaru.jp/know/

●高等学校等就学支援金制度（国）／高校生等奨学給付金（都道府県）

国や都道府県にも支援制度があります。まずは国による「高等学校等就学支援金制度」は国公私立問わず授業料を支援してくれる制度で、オンラインで申請できます。また都道府県による「高校生等就学給付金」は授業料以外の教育費の負担を軽減するための支給制度で、各都道府県の教育委員会が窓口になっています。こちらが問合せ先の一覧になります。

URL ▶▶▶ https://www.mext.go.jp/a_menu/shotou/mushouka/detail/1353842.htm

生活福祉資金（社会福祉協議会）

地域住民が住み慣れた町で安心して生活することができる「福祉のまちづくり」をするために様々な活動をしている「社会福祉協議会」という民間の団体が、都道府県や市区町村に設置されています。この社会福祉協議会も奨学金制度を実施しています。低所得の世帯を対象に無利子で就学などに必要な費用を貸してくれます。窓口は都道府県ごとに設置されていますのでお住まいの都道府県の社会福祉協議会の連絡先を検索して下さい。

URL ▶▶▶ https://www.shakyo.or.jp/index.html

一般社団法人 コンパスナビ

埼玉県内の児童養護施設や里親家庭の元を巣立つ若者の就労支援、自立支援、住宅支援などのアフターケアを実施しています。またコンパスナビでは自立のために必要な運転免許の取得を支援する助成制度も立ち上げています。

URL ▶▶▶ https://compass-navi.or.jp/

一般社団法人 ヤングケアラー協会

「すべてのヤングケアラーが自分らしく生きられる世界」を目指して元ヤングケアラーの当事者が立ち上げた団体です。LINEによる相談窓口、キャリアサポート、居場所作り、研修・講演会、オンラインコミュニティの運営などを行っています。

URL ▶▶▶ https://youngcarerjapan.com/

一般社団法人 ケアラーワークス

「ケアラーと共に社会的課題に向き合い、ケアラーとその家族の幸せを追求する」ことを目標に、ケアラー同士のピアサポートのネットワーク作り、自治体におけるヤングケアラー支援施策の推進や協力、研修の講師派遣などをしています。

URL ▶▶▶ https://carers.works/

一般社団法人 日本ケアラー連盟

ヤングケアラーだけでなく全ての世代のケアラー、ケアラーを気遣う人、ケアラーの抱えている問題を解決しようという志を持つ人などが集い、ケアラーの人生を地域や社会全体で支える仕組みづくりを目指している団体です。

URL ▼▼▼ https://carersjapan.com/

一般社団法人 ケアラーアクションネットワーク協会

家族だけで家族のケアを抱え込まなくていい社会作りを目標に、ピアサポート活動、教材制作、人材育成事業、啓発事業をしています。家族のケアをしている中学生や高校生の実話を基に「きょうだい児」（障害や病気などがある兄弟や姉妹のいる子供）などのヤングケアラーの日常を描いた短編映画「陽菜のせかい」「ツナガル」を制作しています。（上映希望の場合は協会まで）

URL ▼▼▼ https://canjpn.com/

ACHAプロジェクト

児童養護施設出身の若者に成人式の振袖や袴姿の撮影の機会を作る活動です。私も家庭の事情で諦めようと思ったひとりでした。母の医療費で火の車だった我が家の家計を預かる私には到底無理だと分かっていたので、誰にも相談せずに成人式も欠席しようと思っていました。ただ「お姉ちゃんの着物姿が見たい」とお母さんが言っているという父の言葉に後押しされ、年末ぎりぎりに本当に小さなレンタル屋に駆け込んで一番安い着物を借りることにしました。今思うと成人式の着物姿を撮っておいて良かったです。そんな私の経験から妹には好きな着物を着させてあげたいと思っていてその願いを叶えることができました。＜一生に一度の晴れ姿＞である成人式を実現している活動はこちらから。

URL ▸▸▸ https://www.facebook.com/ACHAPROJECT9/

ゆでたまご

親を頼れない子供を社会で支援すること＜社会的養護＞と言いますが、その対象は原則として18歳までとされ、高校を卒業したら児童養護施設を出なければならず「18歳の壁」が立ちはだかっていました。この年齢制限を撤廃する方針を国は打ち出しましたが、それでもいつかは自立しなければなりません。家賃や生活費などを自分で稼がなければならず経済的にも精神的にも行き詰まってしまうケースは少なくありません。そんな困難な状況の中で自立する若者を対象に必要な相談先をまとめたガイドブックを出しています。

URL ▼▼▼ https://yudetamago-up.jimdofree.com/

受援力

④

当事者の声が新しい選択肢を創り出す

ぎりぎりの暮らしと精神状態の中で私や弟が抱えていた<葛藤>……。30年以上前は当然ヤングケアラーという言葉もなく、何かを選択しようにも選択肢さえない状況でした。でも今は違います。様々な当事者が葛藤や苦悩を超えて行動を起こしてくれたおかげでできた法律や制度は沢山あります。アナウンサーになった時に「マイノリティーの当事者に光を当てたい」と思っていましたが、それは間違っていました。当事者こそが社会が抱える問題に光を当ててくれる存在だと気付いたからです。既存の法律や制度では対応できない、もしくは法律さえない社会課題に対して、当事者の声をきっかけとして<新しい選択肢>を創り出していくことも重要なソーシャルワークのひとつ。困り事や課題は<ニーズ>と言い換えることもできます。<受援力>はソーシャルワークの大切な原動力です。

CHAPTER 5

第5章

今でも大学を卒業できない夢を見る私……学業と介護の両立

獲得・自信

小さな〝出来る〟を積み重ねる日々……「獲得」が「自信」に

「長女の私がやるしかない」無事に大学に合格したものの私自身が置かれた厳しい状況は何も変わっていませんでした。受験のプレッシャーやストレスが相当大きかったようで、実は入学直後に体調を崩し重症の気管支炎になってしまいました。１か月ほどで回復しましたが、私も超人ではなかったとつくづく思います。

介護を長く続けていく上でポイントとなるのは「役割分担」ですが、我が家の場合はまだ介護保険制度がない時代で、限られた戦力で乗り切らなければなりませんでした。私が大学に入学した時、妹は中学2年生。お手伝いをお願いしても大丈夫な年齢になってはいましたが、私自身が諦めかけていた進学を果たせたということもあり、これ以上贅沢は言えないと考えて大学に通っている間は全て自分がやると覚悟を決めました。「お母さんの介護があるから」と中学生活を送る中で何かを我慢する必要はないと私は妹に伝えました。部活もして良いし友達と好きなだけ遊んで良いよと。何故なら私が就職したら家のことをやる時間が確実に少なくなりますので、その時が来たら助けて欲しいとお願いしました。その約束通り妹は高校2年生の時から私の心強い右腕になってくれました。妹の旦那さまは高校の同級生なのですが、実は授業が終わると一番に校門を駆け抜けていく妹の姿を見ていたそうです。

もし私が大学進学を諦めて就職を選んでいたら途中で挫折していたかもしれません。第三者の手が一切借りられないという環境の中で、何もしてくれない父や幼い弟妹の世話をしながら、朝家を出て職場に行き夜帰ってから慣れない家事や介護をこなすという生活には、10代の私は物理的にというよりも精神的に耐えきれなかったと思います。あれほど父から逃れたいと思っていた私ですがひとり暮らしの夢は消え、サークル活動など参加できるわけもなく、想像していたキャンパスライフとは真逆ではありましたが、それでも社会人よりもスケジュールには余裕がありましたので何とか学業と両立することができました。

授業中も頭の中は5人分の献立を考えるのに一杯一杯で、実は今でも単位を落として大学を卒業できないで慌てるという夢を時々見ます。母が車椅子であることは隠すことでもありませんのでオープンにしていましたが、大学時代も同じ経験をしている人は身近にはいませんので詳しい話はしませんでした。今は前の章で紹介したようにヤングケアラーの当事者の会や支援するNPOなどの団体がいくつも立ち上がっていますが、30年以上前は家族が介護をやるのが当たり前の時代でしたので、悩みを共有する同世代の仲間を見つけるのは不可能な状況でした。またインターネットもありませんので情報も簡単に手に入れることはできませんでした。大学ではゼミにも入っていませんでしたし高校の時のように担任の先生がいるわけでもありませんので、長く関わってくれる大人を見つけることは難しく、家庭の悩みは弟妹と共有して解決するしか方法がありませんでした。

日本育英会（現在は日本学生支援機構）の奨学金をもらっていましたが、

ある程度の成績を収めていないと支給が止められてしまうということを途中で知り、慌てて学生課の窓口に駆け込んだことが一度ありました。もちろん遊んでいたわけではありませんが奨学金の支給を受けるための条件があることをすっかり忘れていたのです。奨学金が止められてしまったら大学を辞めるしかなく、それからは少し手を抜きながらも!?頑張りました。奨学金をもらっている人は自分の支給の条件をしっかりと確認して下さいね。

私の介護経験から

新しい人生のスタートにどうしても母に立ち会って欲しかった

もしタイムマシーンがあったならもう一度、大学生に戻りしっかり勉強に集中したいなとも思いますが、車椅子の母と過ごす中で経験したことは学校や教科書では学べないことばかりで、今に繋がる人生勉強ができましたので後悔はありません。大学生活で我が家の最初の成功体験は母を大学の入学式に連れて行ったことでした。当時はバリアフリーな社会ではなく、まずは大学の建物などが車椅子で利用が可能なのかを確認するために電話をしてみると、こちらでは分からないので会場などを見に来て下さいとのことでした。

実際に足を運んでみると駐車場は学内にありましたが、問題は入学式の会場で2階に上がるためのエレベーターは当然ありませんでした。時間をかければ階段を自分で上がれるので当日は早めに来ることと、私以外の家族が付き添うという条件で母も入学式に出席できることになりました。そして迎えた入学式当日。ゆっくりで良いからと励ましながら自力で階段を登らせていたのですが数段で挫折し「もういいから」と泣き言を言い始めた母……。見るに見かねた職員の方が駆けつけてきてくれて、母を車椅子に乗せた状態で会場まで運んでくれました。恥ずかしそうに顔を隠していましたが、男性4人に車椅子ごと抱えられた母の姿はまるでお姫様のようでした。帰りは入学式が終わる前に会場を出た方が安全だとの判断で、少し早めに母と一緒に大学を後にした私……。入学式の後はサークルの勧誘など先輩との交流がある

私の介護経験から

ようなのですが、その雰囲気を味わうことはできませんでした。ですが母の介護などがあり初めからサークル活動は諦めていましたので何の問題もありませんでした。それよりも学業と介護の両立は簡単ではないことが分かっていましたので、前述したように自分自身の覚悟を固めるためにも、私の新しい人生のスタートにどうしても母に立ち会ってもらいたかった。大学側も車椅子では無理だと決め付けないでくれたことや臨機応変に対応してくれた職員のみなさんに心から感謝しています。

ライフステージが大きく変化する10代から20代に必要な支援とは

●大人との接点が少なくなる自立も道半ばの大学生や専門学校生

これまで法律的な定義のなかったヤングケアラーに関しての支援を明記した「子ども・若者育成支援推進法」が成立したことはお伝えしました。それまではヤングケアラーは18歳未満とされていましたが、この年齢での線引きに私は違和感を持っていました。何故なら私が母の介護に直面したのは高校3年まさに18歳の時で、18歳未満と定義されてしまうと私はヤングケアラーではないということになってしまうからでした。実際に取材を受けた時に「町さんは厳密に言うとヤングケアラーではないですよね」と質問されてしまったことがありました。もし法律でヤングケアラーは18歳未満とされてしまっていたら支援を受けようとした時に、役所の窓口で職員から「ごめんなさい、ヤングケアラーは17歳までなの」と言われてしまうということは容易に想像できました。残念ながら行政に携わる人全員が、ヤングケアラーについて詳しいわけではありません。これまでも様々な当事者を取材していますが「条件に当てはまらない」と無情にも切り捨てられてしまった人達を見てきました。15歳の弟、12歳の妹、そして18歳の私は間違いなくヤングケアラーでしたので、ヤングケアラー支援ではそういうことが起きないようにと強く訴えてきました。同世代が享受できている〈**当たり前**〉の日常が制限されている18歳から20代半ばぐらいまではヤングケアラーだと主張してきた私の声を聴いてくれたかは分かりませんが、国も年齢による線引きはせずに18歳以上の若者も支援の対象にするとはっきりと法律に明記してくれました。ただ法律に盛り込まれただけで支援が整うわけではありませんので、これは最初の一歩ということになります。

まだ大人でもなく自立も道半ばの大学生や専門学校生は高校生以上に相談できる大人が身近にいないのが現実です。多くの大学には学生支援課のほかにも、学生の健康管理をサポートする医師などの専門職が配置されている〈**保健管理センター**〉が設置されています。実は歴史は古く国立大学に設置されたのは１９６６年のこと。ただし学生に知られているかというとそうではないという課題があるそうです。大学入学時に体調を崩した私も大学に相談するという発想はありませんでした。前章で公立の小中高に配置されているスクールソーシャルワーカーを紹介しましたが、大学にも学生の多様化する生活上の問題に対しての支援や障害を持つ学生への修学支援を行う福祉専門職〈**キャンパスソーシャルワーカー**〉を配置している大学もあります。少し古い調査になりますが２０１４年に実施された全国調査によると、キャンパスソーシャルワーカーを配置している大学は全国にある７８１校（大学数・文部科学省調べ）のうち59校という結果でした。現在はもう少し増えているのではないかと思いますが、スクールソーシャルワーカーと同じように非常勤や嘱託職員という立場で雇用にも期限があり、大学の先生との連携や大学全体の支援がないなどの理由で十分には活用されていないのが現状です。私が一緒にボランティアをやっていた学生の中でもヤングケアラーではありませんでしたが、コロナ禍でアルバイトができなくなり経済的に苦しくて大学を中退せざるを得ない人がいました。

介護離職と同じように悩みが深刻になる前にひとりで抱え込まずに窓口に相談して欲しいと言いたいところですが、相談を受ける側の環境が整っていなければ支援にも限界があるということになります。ソーシャルワーカーからも勤務形態を常勤化することや法的な位置づけを明確にすることなどを要望する声が上がっていますし、福祉の専門家が教育の現場で活躍できていない原因は明らかです。奨学金だけではなく入学金や授業料の免除、生活補助などの様々な支援策があっても、その支援の存在を学生が知らなければ意味がありませんし、そもそも繋ぐ役割をする専門職が力を発揮できていない状況は一日も早く改善して欲しいです。２０２３年に発足した「こども家庭庁」の下で、教育と福祉、制度や組織による縦割りの壁や年齢の壁を克服した切れ目のない支援に取り組んでいく姿勢を国は示していますが、多職種がスムーズに連携し全力を尽くせるように環境整備をするのは国の責務です。

●貧困は個人のみの責任、個人のみの問題ではない。ましてや子供のせいではない

母が倒れた時、父もまだ若く私達も徐々に自立しましたので、我が家は生活保護を受給するまでには至りませんでしたが、それでも家計が苦しい期間が長く続きました。本当に生活に困った時のセーフティーネットが生活保護制度ですが、受給するためには色々な制限や条件がありますのでハードルが高いのが現実です。さらに大学生は生

活保護制度の適用対象外になっていることをみなさんはご存じでしょうか。大学や専門学校に通う若者が生活保護を利用できないルールは法律に明記されているわけではなく、1963年に旧厚生省が出した「大学などに就学する場合は世帯分離して差し支えない」とする通知が根拠になっています。〈**世帯分離**〉とはこれまでと変わらず同じ家に住むことはできますが、世帯は別という扱いをすることにより、その子供だけが生活保護の対象から外れるということです。家族としては子供1人分の生活扶助費が減額されることになり、切り離された子供は医療費扶助が受けられなくなりますので、国民健康保険の保険料の支払いが発生しますし、学費や生活費などは全て自分で賄《まかな》わなければならなくなるということになります。親が生活保護を受給していても〈**世帯分離**〉をすれば大学や専門学校などに進学することができるという見方もできますが、当事者からすると〈**世帯分離**〉しなければ大学などに進学ができないとも受け取れます。

生活保護法の歴史を振り返ると1946年に成立した旧生活保護法には「能力があるのに働く意思のない者や素行の悪い者などを除く」という欠格条項がありましたが、

1950年に改正されてできた現行の生活保護法では「全ての国民」が対象となりこの欠格条項は無くなりました。その理由は貧困は個人のみの責任や問題ではなく、社会全体の責任や問題であるからというものだったそうです。貧困は個人のみの責任ではないという考え方は今も通じることだと思います。また法律では「(生活)保護は最低限度の生活の維持のために活用すること」と規定されています。生活保護を受けながら大学に通うことが認められないということは、生活保護を受けて大学に行くことは「最低限度の生活」には当てはまらない〈**贅沢なこと**〉と見做されているということになりますし、高校を卒業したら〈**働ける能力**〉があるのだから働きなさいと国に言われているようなものです。生活保護を受けていなかった私でさえ経済的に苦しい中で、大学進学を希望するのは贅沢だと思ってしまっていましたし、実際に全体では大学等進学率が8割を超えているのに、生活保護受給世帯では4割弱となっていることからも、親が生活保護を受けているから自分が働いて支えなければと進学を諦めてしまっていることは明らかです。

大学生でも生活保護を受給できるのは夜間大学に通いながら日中は働いている場合、

または頼る親がおらず病気などで働けない場合で、さらに休学の手続きをするという条件が課されています。生活保護を受けるために大学に通うことを一時中断しなければならないという本末転倒な状況に追い込まれてしまうのです。休学したら当然ですが奨学金は停止されてしまいますので、最終的に「教育を受ける権利」が奪われることになってしまいます。

国も何もしていないわけではなく２０１８年に改正生活保護法が成立したことを受けて、大学や専門学校への進学を支援する制度をスタートさせました。具体的には「進学準備給付金」として自宅から学校に通う学生には一時金10万円、自宅を離れる場合には30万円が支給されるというもので、その後の法改正で進学だけでなく就職の場合も給付対象になりました。ですが２０２２年に開催された5年に1度の生活保護や生活困窮者支援制度の見直しをする社会保障審議会で、生活保護を受けながら大学に進学することを認めないという70年前から続くルールを継続する方針を決めました。理由は高騰する学費に喘いでいるのは生活保護世帯だけではないので、一般世帯の学生とバランスを考えて従来の考え方を踏襲することにしたというものでした。

ただし過去にも大きな変更が行われています。法律が制定された当時は、中学を卒業したら働くべきという時代で高校生も対象ではなかったそうです。ですが社会的に高校に行くことが当たり前になり高校進学率が8割を超えた1970年に、世帯分離をしないで生活保護を受けながら高校に進学することが認められたという経緯があります。前述した通り大学等進学率は8割を超えましたので、条件を満たせば大学生や専門学校生を世帯分離で除外せずに生活保護を認めるタイミングが来ているのではないかと思います。貧困は個人のみの責任でも問題でもなく、ましてや子供のせいではありません。前述したように子供にとって教育は大事な社会保障です。将来の選択肢を増やすことで貧困の連鎖を断ち切り、自立して生きていくためにも、親の経済状況や生まれた家庭の環境に左右され、学びの機会が奪われるということがあってはなりません。

●絶望から救い出したのは法律でも制度でもなく〈人〉との繋がり

児童養護施設や里親家庭出身の若者がスピーチをするイベント「コエール」のお手

伝いを長年しています。「コエール」はかつて親を頼れずに社会からも守られなかった経験をした若者の言葉を通じて社会課題を知ってもらうという啓発イベントで、主催しているのは認定NPO法人※「ブリッジフォースマイル」です。20年以上にわたり児童養護施設や里親家庭出身の子供達が社会に出る時の巣立ち支援や、子供を支える伴走者となる社会人ボランティアの育成など多岐にわたる活動をしています。誰にも助けてもらえず貧困や虐待に苦しめられてきた子供達は「世の中には自分達の頑張りだけではどうしようもないことがある」という絶望を抱えています。**＜親を頼れない全ての子供が笑顔で暮らせる社会＞**を実現するために頑張るべきなのは、子供ではなく大人達だと代表の林恵子《はやしけいこ》さんは指摘しています。安心して暮らせる環境を提供し、大人が身近にいて相談に乗ったり励ましたりすることにより「生きていける」と子供達が思えるように、ブリッジフォースマイルでは行政の枠組みに捉われない幅広い支援により子供達の未来をサポートしています。

　このコエールで生活保護の壁に未来を閉ざされてしまったひとりの若者がスピーチをしてくれました。「大学は贅沢品です」これは実際に彼が窓口で投げ掛けられた言葉です。親からの虐待による後遺症を抱えながらも自力でお金を貯めて看護大学に進学し、看護師になるという夢を叶えようと必死に勉強していましたが、過去の過酷な経験がフラッシュバックしPTSDを発症してアルバイトができなくなり生活に困窮する状況に陥りました。授業料を払えば生活費が無くなり、休学すれば奨学金が止められてしまう……。やっと手に入れた学ぶ機会を失いたくないと思った彼は、一時的に生活保護を受けられないかと地元の役所の窓口に相談に行きましたが門前払いをされてしまいました。大学に行くのは贅沢であり「大学に通うか、生活保護を受けるか選んで下さい」と言われてしまった彼は、最終的に学生生活を続けることができず退学することになってしまいました。元々親を頼れない環境の中で必死にSOSを出したのにも拘わらず、拒絶されてしまった時に彼を襲った絶望はどれほど大きかったか……。

生活保護を受給している世帯や人を主に支援する専門職をケースワーカーと呼びます。都道府県や市に設置された福祉事務所に勤める地方公務員で、家庭訪問や面接などを通じて世帯構成や収入などの生活状況を把握し、生活保護の必要性の判断をして相談や援助を行います。生活保護などの支援がスタートした後も定期的に家庭訪問をするなど、対象者の自立をサポートする役割を果たします。また生活保護だけでなく、児童相談所、老人福祉施設、精神保健福祉センターなどで働いているケースワーカーもいて、高齢者や障害者のケアに関する指導、就労支援、医療や介護サービスとの連携など仕事は多岐に渡っています。もし何か選択肢はないか親身になって一緒に考えてくれるケースワーカーと彼が出逢えていたら……と、この章を書いている時に生活保護を断られた彼のその後をフェイスブックで知ることができました。就職ができて生活が安定したこと、さらに保育士の資格を取り再び大学で学び出したとの報告がアップされていました。新たなスタートにコメントを寄せていたのは、私もよく知る親を頼れない若者を支援する人達や同じように生き辛さを抱えながらも自らの手で環境を変えようと活動する人達でした。彼を絶望から救い出したのは法律でも制度でもなく＜**人**＞との繋がり。そして夢を諦めずに道を切り開いた本人の強い意思でした。

　前章でも色々な制度があり沢山の専門職がいると紹介しましたが、大学生や専門学校生は中高生よりもさらに自己責任の意識が強くなります。ＳＯＳを出したくても簡単には声を上げられないという状況は大人と同じです。ましてや助けてと声を上げたのにも拘わらず、支援すべき行政から拒絶されてしまったらもう誰も頼れなくなってしまいます。行政の担当者や専門の資格を持っている人には、すでに私から「専門性で線引きをしないで欲しい」ということはお願いしていますが、行政の担当者や専門の資格を持っている人は今一度、ひとりの大人として目の前の困っている若者に対して自分には何ができるのかを考えて下さい。ブリッジフォースマイル代表の林さんの言う通り頑張るのは子供ではなく大人の役割です。

そして学業と介護の両立で何らかの困難を抱えている人は、残念ながら大学などの学内では家庭の問題を解決することは難しいかもしれません。ですが様々な活動をしている民間の団体がありますのでヤングケアラーを含めたケアラーの集まりに足を運んで下さい。物理的に時間がないという場合でも最近はＳＮＳを活用した相談窓口もあります。悩みを共有できる仲間や自分もこう生きたいと思えるロールモデルとなる先輩、この人にならば相談できると思える大人に出逢うチャンスは約30年前と比べたら各段に増えています。「人との繋がりにより人は変わることができる」そんな出逢いを重ねて欲しいと思います。

・用語解説・　**認定NPO法人 ブリッジフォースマイル**

児童養護施設や里親家庭出身の子供達が社会に出る時の巣立ち支援だけでなく、親から虐待を受けていながら保護されていない子供の支援もしています。対象年齢は10代から30代で就労相談、役所への同行、住まいの確保などの困り事を一緒に解決したり、居場所の提供や家事サポートなど暮らしにまつわる支援もしています。全国に7カ所の相談拠点があり専門家からボランティアまで、様々な大人が一緒に考えて具体的に問題を解決できるように伴走しています。

URL ▶▶▶ https://www.b4s.jp/

● 全て自分でやろうとせずにフードパントリーや配食サービスなどを活用する

私が悪戦苦闘しながら母親代わりをしていた頃に、こんなサービスがあったら良かったなと思うものが沢山誕生しています。生きているとお腹は空きますしトイレにも行きます。トイレットペーパーを長持ちさせるにはどうしたらいいか……家族５人で月1万円の食費でどう食い繋いでいくか……18歳の私は本当に毎日悩んでいました。
そんな経済的に困窮している世帯やひとり親世帯に、企業や団体などから提供された食料品や生活用品などを無料で配布する「フードパントリー」という活動が各地で行われています。コロナ禍でも注目された活動ですが、私の地元埼玉ではＮＰＯ法人埼玉フードパントリーネットワークが２０１９年から活動を開始し、２０２４年6月現在74団体が加盟しています。食料などの配布だけでなく、フードパントリーを立ち上げたいという人への研修やアドバイスも行っています。フードパントリーの活動のポイントは社会との繋がりがなく孤立している世帯や人が誰かと〈**繋がる**〉機会や場所にもなる点です。食料品などの配布だけでなく様々な相談に乗ってくれたり、行政の窓口と連携し公的な支援に繋げる役割を担っている所もあります。自分の住んでいる地域で活動するフードパントリーを一度検索してみて下さい。

また私の慣れない家事に対して不安を抱えていたのは弟と妹だったと思いますが、30年前にあったら利用したかったのが〈**配食サービス**〉です。東京都江戸川区では

２０１７年に全国で初めて子ども配食サービス事業「ＫＯＤＯＭＯごはん便」をスタートさせています。対象は住民税非課税世帯で食事の支援が必要な家庭にお弁当を届ける事業です。他にも江戸川区では自己負担なしの食事支援ボランティア派遣事業も実施しています。国もヤングケアラー支援の一環で食事支援を盛り込んでいますが、すでに活動をしている団体の事例を参考にして利用しやすいサービスとして全国に普及して欲しいと思います。東京都文京区でもＮＰＯ団体等と連携し、ふるさと納税を活用し生活困窮世帯に直接宅配する「こども宅食」を２０１７年にスタート。単なる食料支援ではなく宅配時にコミュニケーションを取ることができますので、家庭の状況の把握や専門機関に繋げるという支援も同時に実施しています。

美味しいと言って食べてくれる母の顔を見るのは嬉しくもあり遣り甲斐もありましたが、家族のために1日3度の食事を作ることは正直大きな負担でした。ご紹介した事例は生活困窮者を対象にした配食サービスですが、レトルトの介護食なども最近は充実していますので、「自分が全てやらなければ」と無理をせずに、たまには手を抜いても良いと思います。自治体で実施している公的な支援や民間の団体の活動など必ず助けになるサポートがありますので、自分から情報を収集して上手に活用して欲しいと思います。

●障害と共に生きるのは自分達だけではないと実感できた場所

この章の冒頭の見出しにも書いたように不自由がある中で小さな〝出来る〟を積み重ねることで、自信を獲得できたのはやはり母のおかげでした。大学の同級生に比べてあまりにも出来ないことが多かった私ですが、それでも人生を豊かにする経験や出逢いがありました。2度目の受験の真っ最中に退院した母のリハビリは、自宅に戻って来てからが本当のスタートでしたが、病院で実施するリハビリと暮らしの中でのリハビリの大きな違いは「楽しむ」ことを大切にできることでした。家から車で30分ぐらいの場所にあった埼玉県障害者交流センターには色々な教室があり、母は「明日葉」という油絵教室に通っていました。その教室では母と同じように脳卒中で片麻痺になった方や、事故による脊髄損傷で障害を負った方などが家族と一緒に参加していました。私達きょうだいのような10代の介護者は居なかったので「偉いわね」など声を掛けてはもらいましたが、同世代で介護の悩みを共有することは難しかったのが現実ではありました。それでも、障害と共に生きているのは自分達だけではないと実感できる大切な場所でした。まだ20代だったと思いますが車椅子の息子さんのトイレ介助をするお母さん、片麻痺と言語障害を抱えていて時々もどかしそうに奥様に文句を言っている60代ぐらいの男性など、それぞれ家族の構成や事情は様々でしたが工夫をしながら暮らしていることを知ることもできました。

実は高校の時に美術部だった母。利き手ではない左手で描くもどかしさはあったと思いますが、大好きな猫や犬の絵を本当に丁寧に一枚一枚描き上げていました。お茶碗を洗ったり洗濯物を畳むなどの家事もそうですが、時間はかかっても出来ることがひとつひとつ増えていく「獲得」の喜びは、本人の「自信」に繋がっていきました。病院のリハビリルームで杖をついて少しずつ歩ける距離を伸ばしていった母の姿も見ていましたが、好きだったことに再び挑戦して作品を完成させる油絵教室で過ごした時間は心のリハビリにもなっていたと思います。言葉は不自由ですがいつも明るく笑顔でいてくれる母は、家族以外の人と接することができるこの教室をとても楽しみにしていました。田舎でひとり暮らしをする祖母の絵を描いてプレゼントしたこともあり、褒められたり喜ばれたりすることも本人のモチベーションアップに繋がっていたと思います。

●〈ユニバーサル〉を先取りしていた私と母は時代の最先端！

こうしてどんどん外出を重ねることで自信をつけていった母は、おしゃれの面でも変化が見られるようになりました。退院したばかりの頃はなるべく動きやすい服装や車椅子のタイヤでこすれて汚れてしまっても洗える服を選んでしまっていましたが、障害があってもおしゃれをしたいはずと本人と一緒に買い物に行き、好きな洋服を自分で選んでもらうようにしました。

母のように片麻痺の場合は脱ぎ着がしやすいということは重要なポイントです。ズボンもウエストはゴムの方が履き易いですし、トイレに入る時に足元に落ちてしまわずに済みます。また車椅子に座っている時間も長いので、皺になりにくい素材やごわごわしない素材を選ぶようにしました。「着心地が良い」「動きやすい」「軽い」という条件を満たしながら、さらに「おしゃれ」に見えるように工夫をしました。大学の入学式ももちろん母親らしいスーツを用意しました。ただしウエストがちょっと太くてボタンは締まりませんでしたが、そこはご愛嬌です（笑）。

元々、元気な頃からおしゃれだった母。私が中学生の頃にピアスの穴を開けて「可愛いいでしょう？」と自慢してきたこともありました。自宅でも横になる時間が少なくなかったため、初めはピアスをすることを嫌がっていましたが、片手でも簡単にできるフック型のピアスを見つけて母に勧めるととても気に入って毎朝自分で選んで身に付けるようになりました。きっと最初に嫌がったのは〈**自分では出来ない**〉からと諦めてしまっていたのだと思います。毎年、誕生日が近い山田のおばちゃんと母にお揃いのピアスをプレゼントすることが恒例になっていました。ピアスだけでなく朝起きて顔を洗った後にきちんと自分でメイクをすることもルーティンになっていました。

介護施設で暮らす高齢者にお化粧をしたところ表情が明るくなり、気持ちも前向きなったというエピソードもよく聴きますが、最近は〈**メイクセラピー（化粧療法）**〉というお化粧により暮らしをより豊かにすることを目指す取り組みも始まっています。

メイクをしたことで昔の自分を思い出したり、自分に自信を取り戻すことで積極的に外出したり、人に会いたくなるという効果が期待されています。また綺麗になることにより「楽しい」や「嬉しい」というポジティブな感情が生まれることは生活の質の向上に繋がります。セラピーではカウンセリングもしながらメイクをするそうで、最終的には自分でメイクできるようになるのが目標。母にはピアスと同様に片手で使いやすい口紅やアイシャドウなどを見つけてきて自分でメイクできるように工夫しました。朝一緒に母娘でメイクをするのは楽しい時間でした。

年齢や障害などに関係なく、誰でも自由におしゃれを楽しむことができるようにする取り組みを「ユニバーサルファッション」と言いますが、高齢者や障害者とファッション業界を結ぶ懸け橋となることを目的とするNPO法人ユニバーサルファッション協会が設立されたのは2001年のこと。またファッションだけでなく建物などのハード面やシステムや制度などのソフト面も含めた「ユニバーサルデザイン」の普及が始まったのも2000年代に入ってからでした。1年延期になりましたが2021年に開催された東京2020オリンピック・パラリンピック競技大会の開閉会式で、日本代表選手団が公式に着用する服装がオリンピックとパラリンピックで同じになったことがニュースになりました。何故ならこれが初めてのことだったからです。第3章でも指摘しましたが最初からバリアを作らずに、誰にでも使い易いユニバーサルデザインを心掛けることは難しいことではありません。30年以上前に車椅子の母と様々な創意工夫をしながら暮らしていた私にとって「利用者の視点を重視する」ことは当たり前のことで、私と母は時代の最先端だったと今も自負しています。

ヤングケアラー、バリアフリー、ダイバーシティ、ユニバーサル、パラリンピックなどのワードが今は普通に使われるようになりましたが、まだその存在や概念さえ知られていない時代に当事者のひとりになった経験があったからこそ、私はアナウンサーという天職に巡り合うことができました。伝えたいことで心が溢れた大学生活はかけがえのない時間でしたし、そばに母がいてくれただけで私はとても幸せでした。

受援力

⑤

人生に起きていることの意味を探す

大学に進学したものの出来ないことも沢山ありましたし、そもそも何も持っておらず何者でもない私……。自信なんて微塵もなく、他の人と比べないで生きるということはかなり難しい作業でした。「自分の人生に起きていることにはどんな意味があるのか？」「自分に出来ることは何か？」を最も深く考えた時期でもありました。親も過去も変えることはできませんので、自分自身の経験をどう解釈するのかは自分次第ということになります。現在進行形で困難に直面している人は、すぐに答えを出す必要はないと思います。悩んでいる時間は決して無駄ではなく、答えを探すプロセス自体が＜受援力＞に繋がります。

CHAPTER 6

第6章

介護と仕事の両立の鍵は〈柔軟な働き方〉ができること

夢・希望

アナウンサーはゴールではなくスタート「夢」と「希望」

「町さんが優秀で特別だからできた」この言葉は都立高校で私が担当している〈**ヤングケアラー**〉をテーマにした授業を聴いた生徒が感想に書いていたものです。当時まだ18歳の私はどこにでもいる本当にただの高校生でした。家事をするのも家計を預かるのも初めてでどうしたらいいのか分からないことだらけ。友人と自分の境遇があまりにも違うことで沢山悔しい想いもしましたし、沢山涙も流してきました。優秀でも特別でもなく強くならざるを得なかっただけ……。若者の言葉はストレートなので心に鋭く刺さりますし、意外と打たれ弱い私。初めから強い人間はいないということを、その学生さんもいつか気付いてくれたらと思います。

私は特別ではありませんが１８０度変わってしまった人生で経験できたことが〈**特別**〉だったことは間違いありません。幼い弟と妹の存在、母の笑顔、反面教師だった父と、全てのことが私を強くし頑張らせてくれましたが、もうひとつ原動力になったのは自分の「夢」を諦めなかったことです。就職活動の時期が近づいてきた大学3年生ぐらいから「伝える仕事がしたい」という想いはどんどん強くなりました。自分の言葉で当事者や家族の想いを伝え、障害のあるなしに関わらず当たり前の暮らしが送れる社会にしたいという大きな目標を母のおかげで持つことができました。私にとってアナウンサーになることはゴールではなく∧**スタート**∨だったのです。ここでアナウンサー試験のこぼれ話を少しだけ。

●これだけは誰にも負けないという∧こだわり∨を持つこと

とは言え……そんな強い想いを持っていてもアナウンサー試験は狭き門。どんな条件をクリアすればアナウンサーになれるのか、今も明確な答えを私は持っていません。アナウンサーを目指す学生から相談を受けることもありますが、その時に私がいつも問い掛けているのは「貴方はアナウンサーになって何を伝えたいのか？」ということ。私のように介護や医療などの問題でなくてもいいから、これだけは誰にも負けないこだわりがあるというテーマをひとつ見つけてねとアドバイスしています。

アナウンサー試験に臨んだ私の自己ＰＲはこれまでお伝えしてきた通り「母と共に歩んできたこと」。アナウンサー試験は最初の面接から最終試験のカメラテストまで、全て自分の言葉で表現するというものでした。最初の関門である3対1の面接試験の時のエピソードです。たまたまその日の新聞に「障害者プロレス」を取り上げた小さな記事が掲載されていました。もちろん私はそのコラムを読んでいて「どう思うか？」という質問に迷わず答えることができました。短い時間で印象付けなければならない面接試験では、面接官が参考にする履歴書には聴かれたいことだけを書くのが鉄則だと言われています。私は母が車椅子生活であること、共に暮らす中で気付いたことや学んだことを言葉にして伝えたいと履歴書に書いていました。そして面接の日に障害者に関する記事が掲載されていたこと、面接官と私がその記事を読んでいたといういくつもの偶然が重なりました。

約30年前ですが記事の内容ははっきりと覚えています。まだ障害者への理解が進んでないことが分かるもので、脳性麻痺などの障害を持つ人がリングに上がって戦う姿は可哀想なので見たくないという健常者の目線から観た「障害者プロレス」への意見が綴《つづ》られたものでした。障害を持っていない人が＜**見世物**＞と感じるのは「障害は隠すもの」という偏見を持っているからであり、障害があっても真剣にリングで戦いたい人もいるし注目されたいと思う人もいる。当事者がどう思っているかを聴かずに憐れむのは間違っていますと答えました。

この時に記事に載っていたのは「ドッグレッグス」※という1991年にスタートしたプロレス団体で現在も活動しています。当時パラリンピアンなど障害を持っている人の活動が紹介されている記事は全てスクラップしていて、「ドッグレッグス」の存在は試験当日の記事で偶然知ったのではなく、当然その前から知っていました。そしてその偶然はこれで終わりではありませんでした。

用語解説

障害者プロレス団体 ドッグレッグス

障害者プロレスの始まりは障害のある2人の男性がボランティアの女性を巡って取っ組み合いの喧嘩を始めたことだったそう。旗揚げは1991年で重度の脳性麻痺、知的障害、聴覚障害、精神疾患など多様な障害を持つ選手がこれまでリングに立っています。「社会的に庇護《ひご》されるべき弱い存在」という障害者の概念を根底から覆《くつがえ》すドッグレッグスでは、障害者と健常者も同じリングで本気で殴り合う真剣勝負を繰り広げます。「障害者もただの人間である」という私にとっては当たり前のことですが、まだ障害者に対する偏見も根強かった1990年代に社会に対して大きな衝撃を与えた団体。詳しくは団体代表の北島行徳《きたじまゆきのり》さんの著書『無敵のハンディキャップ』（ちくま文庫）を読んでいただければ。

●小さな偶然と奇跡が重なった∧必然∨に導かれたアナウンサー試験

放送研究会などには入っていませんでしたので原稿読みは決して上手ではありませんでしたが、「伝えたいことがある」という私の想いは絶対に伝わったと思います。そんな中で迎えた一番難しい写真パネルを使ってフリートークをするカメラテスト。5枚ぐらいの写真の中から3枚選んでカメラに向かって自由に話をするというテストですが、緊張のあまり何もしゃべれずに泣き出してしまう人がいるぐらいの難関でした。しかも写真を見られるのは自分の順番が来るのを待つわずかな時間だけで、内容もその場で考えなければなりません。午前中のグループの最後だった私も心臓が口から飛び出るぐらい緊張していましたが、渡された写真の中に、何と車椅子に座る高齢者の写真があったのです。思わず「奇跡が起きた」と心の中で私は呟《つぶや》きました。「全ては無駄ではなかった」と思った瞬間に手元の写真が涙で滲みました。

この車椅子の写真と政治家と人気のあった子役の写真を選び、誰もが年を取ることを避けることはできないということや、母のように病気や事故で介護が必要になる時が来るので、介護の問題を他人事にしてはいけないというような話をすることができました。そしてこのエピソードには続きがあります。午後のグループが有利にならないようにパネルは全て違うものに差し替えられていたのです。風景の写真は鶴が飛び立つ写真だったそうです。しかも私の順番は午前中の最後だったので、もし私が午後のグループに振り分けられていたら……。偶然と奇跡が重なったアナウンサー試験でしたが、全ては〈**必然**〉だったと私は信じています。無事、日本テレビのアナウンサーになることができましたが、少し焦ったのは役員面接で「埼玉在住だと母親の介護をしながら通うのは大変だろう」「そうだ」「そうだ」という声が上がった時。十分に通える範囲だと説明して何とか切り抜けましたが、普段車で通勤している役員のみなさんは埼玉を凄い田舎だと勘違いしていたようです(苦笑)。

＜ワーク・ライフ・ケア・バランス＞自分の人生を大切にするためには……

● 介護と仕事を両立できたのはアナウンサーになれたから

最近は＜**ヤングケアラー**＞だけでなく＜**ビジネスケアラー**＞という言葉も使われるようになってきました。意味は説明するまでもなく仕事をしながら介護をしている人を指します。そして私は元ヤングケアラーであり元ビジネスケアラーでもあったということになります。全国各地で介護の講演をしていますが、アナウンサーという忙しい仕事と介護を両立させることができたのはどうしてなのかと聴かれることがよくあります。「アナウンサーだったから両立することができた」がその答えです。何故なら約30年前からアナウンサーの仕事は今で言う＜**フレックスタイム制**＞だったからです。アナウンサーは自分が担当している番組に合わせて出社時間や退社時間が違ってきます。例えば私の場合は入社してすぐに夜のスポーツニュースを担当することになり、生放送を終えて帰宅するのは夜中の2時ぐらい。逆算をして8時間前からが勤務時間になりますので、出社時間は早くてもお昼ぐらいで良かったのです。私が社会人になったら家のことができなくなると想定していたのですが、嬉しい誤算でのちに一般の会社に就職した妹よりも、柔軟な働き方ができた私の方が家事に時間を使うことができたのです。睡眠時間を削ることにはなりましたが、空いている午前中に洗濯や買い物を済ませ、夕食の作り置きを作ってから会社に向かっていました。

そしてアナウンサーは一人ひとりのスケジュールが違いますので、家の事情で早退や半休を取ったとしても「私だけが介護を理由に早く帰っている」という申し訳ない想いや罪悪感を持たなくて済んだことも大きかったと思います。前にも書きましたが周囲に迷惑をかけているという精神的な引け目を感じてしまう人が少なくありませんが、国の推計によると２０３０年にはビジネスケアラーは約３１８万人になると言われていますし、全ての人が家族の介護に直面する可能性がありますので、他者に対して申し訳ないと思う必要はありません。

介護と仕事の両立を実現するためにはどうしたらいいのか？　その答えは私の中では30年前から明白です。周囲に気を遣わないこと、そして一日も早くその人のライフスタイルに合った＜**柔軟な働き方**＞を導入すること。コロナ禍でリモート出社も当たり前になりましたので、会社にいることが仕事……みたいな古い働き方はもうやめて、本当の意味での〈**ワーク・ライフ・バランス**〉を実現できるように個人も組織も社会も意識改革をする時が来ています。

●「ワークか？　ケアか？」という二者択一を迫られてきた女性達……

欧米では〈**ワーク・ライフ・バランス**〉という言葉は1980年代から使われていましたが、日本で〈**ワーク・ライフ・バランス憲章**〉が作られたのは2007年のこと。憲章に盛り込まれた男性の育児休業取得率を2020年に13％という目標は1年遅れの2021年にかろうじて達成できましたが、介護離職に関しては年間約10万人、その8割が女性であるという現状はずっと変わっていません。みなさんはすでに忘れているかもしれませんが、2015年に当時の安倍晋三総理は新三本の矢で「介護離職ゼロ」を目標のひとつに掲げましたが、この時に離職を防ぐための政策は特別養護老人ホームの数を増やすというもので、実際に離職を止める効果はありませんでした。

そして〈**ワーク・ライフ・バランス**〉という言葉ですが、実はこの表現は正しくありません。というのも多くの女性は〈**ケアを含んだライフ**〉を選択せざるを得ない状況に追い込まれてきたからです。2012年に刊行された『大介護時代を生きる』（中央法規出版）をはじめ介護や老いに関する著書を多数出版している評論家の樋口恵子《ひぐちけいこ》さんは、ライフとケアは別々のものであり〈**ワーク・ライフ・ケア・バランス**〉という考え方を提唱しています。まさにその通りで育児や介護のためにキャリアを中断した女性は自分自身の〈**ライフ**〉を選んだわけではなく、〈**ワーク**〉か〈**ケア**〉かという二者択一を強いられてきたのです。

樋口さんは介護離職を迫られるのは女性だけでなく中高年の男性であることも10年以上前から指摘していましたが、「介護離職した人は毎年10万人」と一括りにされてきた多くの女性達が失ってきたものの大きさに、男性が介護に直面した時に初めて社会全体が気付くことになるのです。正直言うと気付くのが遅すぎますが、こうしている間にも介護か仕事かという苦渋の選択を迫られている人がいます。介護離職は個人の問題ではなく、会社にとって〈**人材流出**〉という大きな損失であり、ケアをしながら自分のライフやワークを大切にできる社会の実現は待ったなしであることを、これまでケアの負担を女性に押し付けてきた全ての人に自覚して欲しいです。

振り返るとヤングケアラーだった私達きょうだいは、ワークかケアかどちらかを選ぶこともできませんでした。働きながら母の介護をする、つまりビジネスケアラーという選択肢しかなく、介護と仕事を両立させることはどんな職業についてもやり遂げなければならないことだったのです。自分で言うものなんですがワーク・ライフ・ケア・バランスの先駆者のひとりとして、フレックスな働き方ができたアナウンサーという仕事に巡り会えたことを、私は「幸運だった」で終わらせたくないと強く思っています。

●「介護しながら仕事を続けている!」今こそ当事者には声を上げて欲しい

誰もが介護に直面する時代において働きながらケアすることが当たり前の社会や組織にするために〈**ワーク・ライフ・ケア・バランス**〉を考えることは、社会、組織、地域の在り方や一人ひとりが人生100年時代をどう生きるのかを見直すきっかけになります。ようやく国も介護と仕事の両立について真剣に考えるようになった(と思いたいですが)、経済産業省は2024年に企業向けに「仕事と介護の両立支援に関する経営者向けガイドライン」をまとめました。ガイドラインでは仕事と介護の両立の問題は「我が国の未来を左右する重要な課題であり、その解決には全ての企業の協力が必要」と明記されています。

仕事と介護を両立する人が利用できる制度として「介護休暇」と「介護休業」が設けられています。「介護休暇」は1日もしくは時間単位での短期の休みを、介護が必要な家族1人の場合は年5日、2人以上の場合は年10日まで取得できるという制度です。介護休暇中の賃金は会社により規定が違っていて無給のところが多いのが現状です。また「介護休業」は家族1人につき通算93日まで、3回まで分割して休みを取得できるというもの。取得中は条件を満たせば雇用保険から賃金の67%にあたる給付金が受給できます。介護休暇よりは長いですが「93日で何年続くか分からない介護を乗り切れるの?」という素朴な疑問を多くの人が抱くと思います。介護休業の期間が中途半端なのは介護をするための休みではなく、介護をしながら仕事をするために介護保険制度の申請や住宅の改修など、環境や体制を整えるための制度だからです。ただしこの介護休業の取得率は総務省の2022年の就業構造基本調査によるとわずか1・6％。この取得率の低さは残念ながら制度が機能していないことを証明しています。

介護休業制度の規定がないという事業所もあったり、制度の存在を知らない、制度の使い勝手が悪いという理由が挙げられていますが、制度を良くしていくためにも利用する側の声が絶対に必要です。2016年に「保育園落ちた日本死ね」という30代女性の匿名のブログが大きな反響を呼び、それまで放置されていたに等しい待機児童の問題が大きく前進しました。「保育園落ちたのは私だ」などの切実な声が当時のツイッターに寄せられ、3万人近い署名も集まりました。このように一人ひとりの声は小さくとも当事者が声を上げることで国をも動かすことができるのです。フリーになってから10年以上、介護と仕事の両立についても講演をしていますが、「もっと早く講演を聴いていたら……」「介護のために仕事を辞めてしまった」という話を何度も聴いてきました。今こそビジネスケアラーのみなさんには「介護しながら仕事を続けている！」という声を上げて欲しいと思います。仕事と介護の両立の道を切り開く鍵を握っているのは当事者であることは間違いありません。

制度を使わずに会社を辞めてしまうのはもったいないです。使い勝手が悪いならば、まず介護休業制度を使ってみてどうしたらもっと取得しやすくなるのか改善点などの意見をどんどん会社に出していきましょう。ひとりでは難しいかもしれませんがきっと同じ悩みを抱えている人がいるはずです。まだ少ないですが「介護休業」以外にも独自に制度を設けている会社もあります。介護と仕事を両立させる鍵となる柔軟に働くことができる＜**フレックスタイム制度**＞を導入することは、全ての人の働き方改革に繋がります。介護離職する人は50代が最も多く会社でも中心になっている人材であり、経済産業省によると介護離職による経済損失額は約9兆円にもなると試算されています。ある会社では社長が自ら介護休業を取得し、後に続く社員が制度を利用しやすいような環境を作るために率先して行動を起こしているケースもありました。私がもし社長だったらやむを得なく離職した人が再就職できる制度を設けます。

●全てのケアラーに「納得」のいく選択をして欲しい……

介護が必要になった時に利用できる制度やサービスは別の章ですでにご紹介しまし

た。介護サービスを利用することや施設を選択したことを後ろめたいと感じる必要はないということもお伝えしてきました。色々な選択を迫られる中で重要なのは「納得」して決めたのかどうかです。私の場合は介護保険制度もなく限られた選択肢しかありませんでしたが、それでもその時々で納得して選択してきました。私よりも早い年齢で母の介護に直面することになった妹には「介護のせいで……」と思って欲しくなくて、大学時代は私が全てを背負うと決めたのも自分自身です。アナウンサーになりテレビという華やかな世界で仕事をしながらも、会社を一歩出たらモードをすぐに切り替えて、家族のための献立や休みの日には母をどこに連れて行こうかと考える、町家の大黒柱としての役割や暮らしは変わることはありませんでした。それも私が選んだ道でした。

　大黒柱と言えば私が就職したことで我が家はようやく経済的な危機から脱することができました。仕事をしながら介護をするしかなかった私ですが、やはり自分自身の経済的な基盤をしっかりしておくことは、精神的な余裕や安定を維持するためには絶対に必要です。アナウンサー試験に受かった時に母は「おめでとう、おめでとう」と拙い言葉で泣きながら喜んでくれました。父も同様でしたが父が私に掛けたのは「おめでとう。そしてありがとう」という謎の言葉!?。この〝ありがとう〟の意味は後日明らかになりました。入社して2年目になった時に父は私に「お姉ちゃん、家が欲しい」とお願いしてきたのです。母が倒れる前から私の家は決して裕福ではありませんでしたので家族5人が暮らすには狭い家で、アナウンサーになってからも私と妹はずっと同じ部屋で、父は母の介護用のベッドの下で寝ているという感じでした。本当に現金で分かり易い父親だと呆れながらも、日中ひとりで過ごすことの多い母のためには、もう少し広い家にいつか引っ越したいなと私も思っていましたので、入社2年目でマンションを買うことになりました。30年を超えるローンを組むことは納得というよりも「ああこれで私は会社を一生辞めることはできないな」という覚悟が必要で、契約書に印鑑を押す手が震えていたのを覚えています。住まいを親にねだられる子供はなかなかいないと思いますが、介護にはお金がかかるということは忘れないで下さい。「ヤングケアラー」の章でも夢を諦めないことの大切さをお伝えしましたが、それは大人でも同じだと思います。そして将来が描けることも。介護は育児と違って終わりが見えず先が見通せないことも辛さに繋がってしまいます。繰り返しになりますが、介護にも必ず終わりが来ます。もし私が介護を受ける側になった時に、自分のせいで大切な家族の運命を狂わせてしまったとしたら一生後悔すると思います。また経済的にも精神的にも余裕のない家族に鬼の形相でケアをされたら……と想像してみて下さい。やっぱりたまりませんよね。認知症の母親を遠距離で介護していた女性はお母様の主治医のこんな言葉に救われたそうです。「介護はプロに任せて家族にしかできない〝愛すること〟をやりなさい」と……。

まさに、母との暮らしの中で身に付けた＜**出来ないことではなく出来ることを**＞という発想の転換だと思います。それぞれの置かれた状況の中で最善を尽くすこと。それでも悔いは残ります。だからこそ納得のいく選択を全てのケアラーにして欲しいと思っています。

●暮らしを＜介護一色＞にしないためにも自分の居場所を作る

私にとって仕事に行くことは気分転換にもなりましたし、また暮らしにメリハリをつけるスイッチのONとOFFになりました。もし仕事を辞めてしまい暮らしの全てが介護一色になってしまったら、気持ちの切り替えをすることが難しくなります。介護する人もただの人間です。落ち込むこともありますし愚痴を言いたい時もありますので、家とは別の居場所を確保しておくことも重要になってきます。前述した「認知症の人と家族の会」の支部は全国各地にありますし、認知症当事者や家族が気軽に集える「認知症カフェ」なども各地で開催されています。同じ介護の悩みを抱えている人と話をする場に足を運ぶことも、精神的な負担を軽くすることに繋がります。

30年前は介護や障害の問題を身近に感じている人は少なく、悩みを語り合えるような人を社内ではなかなか見つけることはできませんでしたが、それでもかなり年齢の離れた先輩から「町、実はうちの母親に介護が必要になって……」と社内で声を掛けてもらうことがありました。母が車椅子であることは隠してはいませんでしたので、相談というよりは気持ちが分かる誰かに話を聴いてもらいたかったんだと思います。私が自分の体験を語り続ける理由のひとつに、この「実は」の輪をもっともっと広げたいという想いがあります。何故ならひとりの語りは次の語りに繋がるからです。会社もひとつの居場所であり語れる場だと考えてみてはいかがでしょうか。会社の制度を変えようなんて勇ましいことを書きましたが、当事者が声を上げることは簡単ではないことも分かっています。まずは出来ることからで大丈夫です。貴方の語りも介護と仕事の両立の道を切り開く大切な一歩です。細いながらもすでに道はできていますので、自分の人生を諦めないためにも「実は」と一歩を踏み出してみて下さい。

●前向きに受け止めしなやかに回復する力＜レジリエンス＞を高める

色々な方から「実は……」と介護にまつわるお話を伺っていますが、いつも感じるのは私も含めて女性は強くしなやかだなということです。「私が介護をやる」と覚悟を決めたら簡単には揺るぎません。すでに介護を卒業した方も現在進行形で介護をされている人も、もちろん大変なことが沢山あり悔いを残されている場合もあります。それでも多くの女性がご自身の介護体験を前向きに受け止めています。回復する力を＜**レジリエンス**＞と言いますが、長年ご主人を介護されていた私の知り合いの女性は、ご主人を看取られた後に趣味だった水墨画を再開し、仲間に囲まれながらおひとりの人生を満喫されています。また、私達きょうだいを長年見守ってくれている山田のおばちゃんも、夫を20年ほど前に亡くしていますが、途中で田舎の実母の介護と看取りも経験しながら、70歳過ぎまで働き続けひとりで生きてきました。伯母も同様で同居していた認知症の義理の父や病気がちだった夫を見送り、今は成長する孫の世話を焼きながら自立した生活を送っています。

一方で心配なのは年代に関係なく男性の介護者です。酒を飲まなければ弱音や本音を吐き出せない父は、まさにひとりで抱え込んでしまう男性介護者の典型的なタイプでした。高額な医療費を捻出しなければならないので仕事量を増やしたことはありましたが、家のことや弟妹の世話などは全て私が母の代わりにやっていたので、父は介護の物理的な負担は背負っていません。それでも精神的なダメージは大きかったのだと思います。「妻が妻であって妻でない」という複雑な状況の中で、父が抱えていた苦しみや寂しさを子供の立場である私には１００％は理解できていませんでした。

ある日、介護施設で20人ほどの小規模な人数の方を対象に講演をしていた時のこと。いつものように父のダメダメなエピソードを話していたところ、「町さん、そんな風に言ったらお父さんが可哀想だよ」と父と同世代ぐらいの男性から声を掛けられました。「お母さんを亡くして子供達も辛いけど、妻を失う哀しみはまた別のものだよ」と言われ私もハッとしました。介護をしている家族も暮らしを介護一色にしないことがとても大事ですが、社交的でなく友人も少なかった父はお弁当配達の仕事が終わると夕方には帰宅し、お湯割りを3杯から4杯飲んで寝るという判で押したような生活をしていて、職場の人と飲みに行くこともほとんどありませんでした。家のことは何もしてくれませんでしたが、週末は母をリハビリのために障害者スポーツセンターに連れて行ったりはしてくれていました。また、私がアナウンサーになってからはお酒を飲んで暴れることは一切なくなり、いつも笑顔でいてくれる母親を囲んで穏やかな食卓をようやく囲めるようになりました。そのままの日々が続けば良かったのですが……。不器用な性分は変わることはなく、母を想う気持ちだけは誰にも負けなかった父は、人生の全てを母に捧げていました。第7章では母を襲った2度目の大病について、そして最終章では父の＜**介護、その後**＞をお話ししたいと思います。

受援力

⑥

「ありがとう」から始めてみよう

ヤングケアラーからビジネスケアラーになった私が挫けずに頑張れたのは＜夢＞を諦めなかったことと家族の支えがあったからです。経済的に自立を決断してくれた弟、高校２年生から介護の戦力になってくれた妹、反面教師の父、持ち前の笑顔で支えてくれた母と、それぞれの役割を果たしました。ライフかケアかの二者択一ではなく、全てのケアラーが納得してどちらも選択できる社会にするためにはどうしたら良いのか。やはり介護をひとりで抱えないことが大事だと思います。誰かに助けてもらった時には「すみません」ではなく「ありがとう」という言葉を。＜受援力＞を発揮することで＜お互い様＞の想いに溢れた社会に近づくはず。

CHAPTER 7

第7章

いきなり突き付けられた末期がんの宣告、余命半年の母……

覚悟・決断

限りある命を生きる終末期に必要なのは「覚悟」と「決断」

ようやく我が家に訪れた平穏な日々。永遠に続くものと思っていました。ですが悪夢が再び私達家族を襲います。ある日、父と母と私の3人で夕食をとっていた時のこと。トイレに行こうと立ち上った母の下半身に違和感を覚え、よく見ると大出血をしていました。黒いズボンだったので色が分からなかったのですが、尋常ではない量の出血でした。すぐに病院に連れて行き診察をしてもらったところ、先生の口から飛び出したのは「なんでこんなになるまで放っておいたの」という言葉。いきなり告知された子宮頸がん、しかももう手遅れでした。詳しい闘病の記録は拙著『十年介護』（小学館文庫）に書いていますが、くも膜下出血と分かった時よりも衝撃が大きく「大変なことをしてしまった」と底のない落とし穴に突き落とされたような感覚で、身体の震えが止まらないほど動揺しました。母はひとりでは病院に行けませ

私の介護経験から

んので、私が母を検診に連れていかなければなりませんでした。この出来事が起きる3年ほど前に検診は受けさせていたのですが間隔を空けてしまいました。その時に子宮に炎症があるようなので気をつけてあげてねとは言われていたのですが、がんになるような深刻な状況だったとは露とも思っていなかったのです。

現在、子宮頸がんのほとんどはヒトパピローマウイルスの感染が原因だということが分かっています。このウイルスは多くの人が性的接触により感染するもので、男性も女性も誰もが感染する機会があるありふれたウイルスです。子宮頸がんだけでなく男女問わず中咽頭がんや肛門がん、男性の陰茎がんの原因にもなります。また感染しても約9割の人は自身の免疫力によりウイルスを自然に排除することができます。ただし約1割の人で感染が持続し前がん状態を経て、長い年月をかけて子宮頸がんに変化していくということも知られています。

ですが母に子宮頸がんが見つかったのは1998年のこと。このウイルスの存在はまだ日本では一般的には知られておらず、検診の際に先生から言われた言葉の意味が私には分からなかったのです。でもそれは言い訳でしかなく……。今も深く深く後悔しています。母の次なる異変には私が気付かなければならず、母の命を奪ってしまったのは私なのです。今もがん医療の取材や啓発活動に長く携わっていますが、それは早期発見し早期治療をすれば治癒が可能ながんで命を落とす人をゼロにしたいという想いがあるからです。

日本テレビ報道局でがん治療のための抗がん剤が日本ではなかなか承認されないという「ドラッグ・ラグ」※の問題などを取材している私に、「町さんは好きなことばかりして」と言い放った後輩がいました。母を失ってからまだ時間が経っておらず患者さんの姿に母をどうしても重ねてしまい、精神的に決して楽な取材ではありませんでした。言った人間は覚えていないかもしれませんが、もしまたこの後輩に会うことがあれば「今も好きなことを伝え続けているよ」と胸を張って言ってやりたいと思います。

このドラッグ・ラグの取材では忘れられない患者さんと家族が沢山います。

進行したがんで自分の治療には間に合わないことが分かっていたのに、未来の患者が使えるようにと未承認薬の承認を求めて命をかけて国と闘った男性、学校の先生になりたいという夢を持っていた20代で卵巣がんになった女性、亡くなった患者さんの分も生きてがん医療をより良いものにするために今も当事者の立場で活動する女性。その中で娘の結婚式に出席したいという希望を叶えた大腸がんの女性がいました。余命半年という宣告を受けていたことや私と娘さんが同世代という共通点もありました。結婚式の様子を撮影させてもらうことができたのですが、家族以外の人にはお母さんの病気を知らせていないという事情があり、テレビだということは内緒にして式場の記録カメラマンということにして取材。私は黒子のように式場の隅に隠れて指示を出していましたが、母親に花嫁姿を見せたいという願いと娘の花嫁姿を見たいという強い想いが奇跡を起こした瞬間に立ち会い、最初から最後まで様々な感情が交錯して涙が止まりませんでした。叶わぬ夢ですが私も母に花嫁姿を見せたかった……。今も結婚は諦めていないつもりですが未だに独り身の私。まあ人生色々です（苦笑）。

・用語解説・

ドラッグ・ラグの問題

海外では当たり前に使われているのに日本では数多くの抗がん剤が承認されておらず、必要とする患者さんが治療を受けられない問題。欧米と比べて承認に時間がかかっていて時間差があったために、ドラッグ・ラグと言われていました。命をかけて声を上げた患者さんの声を受け2004年に厚生労働省が「抗がん剤併用療法委員会」を設置。のちに〈ドラッグ・ラグ〉という言葉が広がり2010年に「医療上の必要性の高い未承認薬・適応外薬検討会」が作られ、審査員の人数を増やすなどラグ解消のための対策が取られ、承認までの時間はだいぶ解消されました。ですが最近では新たに海外ですでに使われている薬剤が日本で開発されない〈ドラッグ・ロス〉の問題が注目されています。

まさかでも突然でもなく「自分事」として考えて欲しい……

医師から告げられた母の余命は半年。「なんで母だけがこんな目に遭うのか」と神様をこの時ばかりは恨みました。これも言い訳でしかありませんが、私達家族は母の障害を全く意識することのない暮らしを送っていたので、母はすっかり健康だと思い込んでしまっていたのです。まさかその母ががんになるなんて思ってもいませんでした。「人の命には限りがある」と身をもって母が再び私達に教えてくれようとしていました。2人に1人ががんになると言われるようになりかなり長い時間が経ちます。介護と同じようにまさかでも突然でもなく、がんに関しても自分事として考えてもらえたらと思いますし、私もいつかなる可能性があるという心構えはしています。

今から25年前のがん医療は「手術ができなければホスピスへ」という時代で、病名の告知も始まったばかりでした。すでにがんは転移もしていて手術は不可能な厳しい状況の母。しかも言語障害があり自分の気持ちをうまく言葉にできない母に、治らない病気であると伝えるかどうか非常に迷いました。

先生とも相談していつか必ず分かる時が来るから、その時まではがんとは告げないで治療をすることになりました。失血死してしまうかもというほどの大出血だったのですが痛みはなかったようで、本人は拙い言葉で「健康なのに、健康なのに」と繰り返していました。病名を隠すということは母に嘘をつくということになりますので家族も本当に辛かったです。今は告知することが当たり前になりましたので、家族や先生が患者に嘘をつく必要がなくなりました。何より自分自身の病状を本人がきちんと理解した上で、医療関係者とコミュニケーションを取りながら、治療法を自ら選択できるようになって良かったと思っています。もちろん私ががんになったら全てを把握して病気と向き合う覚悟はできています。

●告知から始まる〈ペイシェント・ジャーニー（患者の旅）〉

ただこの告知に関して先生にはお願いがあります。誰もががんになる可能性もありますし、治療の選択肢も増えたとはいえ、それでもがんと告げられた時に受ける衝撃は今も昔も変わることはないということを知っておいて欲しいです。中にはパソコンの画面を見ながら「がんですね」と患者さんにあっさりと告げる医師がいます。告知は単に病名を告げることだけを指しているのではありません。がんに限らず病気の診断は入口でしかなく、そこから始まる〈※**ペイシェント・ジャーニー**〉日本語で表現すると「患者の旅」という意味になりますが、様々な検査を受け、検査結果を受けて治療法を選択し、実際に治療を行い、無事に治療が終わっても経過観察が必要になりますし、再発の心配もあります。母のように積極的な治療を諦めなければならない終末期の場合は、病名を告げられるよりもさらに厳しい現実を突きつけられることになります。その全てのプロセス、つまり〈**ペイシェント・ジャーニー**〉の中で告知は何度も繰り返されることになりますので、先生はより丁寧な説明や対応を心掛けてもらえたらと思います。

「他人事ではなく自分事になった」と自身ががんになったことで初めて患者さんの気持ちが分かったと正直に話してくれた医師がいました。実はこの先生はフリーになった私に初めて介護の講演を依頼してくれた方で、金沢赤十字病院で胃がんを専門としていた外科医の西村元一《にしむらげんいち》先生です。例えばがん医療の現場でよく使われる「5年生存率」という指標。がんになる前は西村先生も「5年生存率は70％だから大丈夫」と患者さんに言っていたそうですが、実際に自分ががんになり「自分は30％の方ではないか」と悪い方に考えてしまうことに気付いたそうです。自分は患者さんの気持ちを分かったふりをしていただけだったと反省していました。

　発見された時にはがんはかなり進行してしまっていて、命の限りを再認識したことで「いつかやれば良い」のいつかが無くなったとも話していた西村先生。地元の金沢に※「元ちゃんハウス」という患者だけではなくがんに影響を受ける全ての人が支え合い繋がることができ、がん患者ではなくひとりの人間として自分らしさを取り戻せる居場所を作りました。西村先生亡き後も、ご主人の意思と想いを引き継いだ奥様が「元ちゃんハウス」を運営しています。がん医療を専門とする医師だけでなく家族でさえも当事者の想いを

100％理解するのは難しいということを私も痛感しています。私ががん医療の取材を続けているのは言語障害もあり何も語らずに全てを受け入れた末期がんの母が、何を想い最期まで過ごしていたのかを知るためであり、限りある命を懸命に生きた母の軌跡を残したいと思っているから。前述の後輩の心無い言葉を聞き捨てるわけにはいかない理由はここにあります。

・用語解説・

ペイシェント・ジャーニー

がんに限らず患者が病気と共に生きることを∧患者の旅∨と捉える考え方で、病名の告知から治療、生活の再建、終末期に至るまでのプロセスを指します。医療的な選択だけでなく自らの病気を受け入れ、病気になったことで生きる意味を新たに見出したり、地域の中で生活者として主体的にどう生きたいかなど、患者は様々な考えや想いを抱きます。患者中心の医療ケアを実現するために、そして何より患者を孤独にしないためにも、このペイシェント・ジャーニーを共にする医療関係者との信頼関係はとても重要だと思います。

・用語解説・　**元ちゃんハウス**

胃がんで亡くなった医師西村元一先生が2016年に金沢に立ち上げた、がん患者やその家族、友人、大切な人をがんで亡くした人などがんに影響を受ける人が誰でも気軽に利用できる施設です。がんの知識を持った看護師やがんを経験したピアサポーターが相談に乗ってくれます。イギリスにある「マギーズセンター（マギーズキャンサーケアリングセンター）」という乳がん患者さんやその家族が作った、病人ではなくひとりの人間に戻れる病院でも自宅でもない小さな居場所をモデルにしています。

URL ▸▸▸ https://genchanhouse.com/

●「命は長さではなく深さ」ひとりではないと思えた心強い弟の一言

母を襲った2度目の大病は自分が病気になるよりも辛く悲しい出来事でし

たが、くも膜下出血で倒れた時とは大きく違っていることがありました。それは弟が頼れる存在に成長してくれていたことです。当時、消防士から救急隊員になっていた弟に母の病状を伝えるとこんな風に言ってくれました。「命は長さではなく深さだから、お母さんが元気なうちに沢山の人に会ってもらおう」と……。この時、弟はまだ23歳。前にも書きましたが母は弟を可愛がっていて思春期になっても仲が良く、それは母が車椅子の生活になってからも変わりませんでした。母が重度の障害者になった時に中学3年生だった弟。性格は父にそっくりで不器用で無口な人間ですが、思慮深く優しい大人になってくれたことが嬉しかったですし、本当に頼もしかったです。

一方、社会人になっていた妹は激しく動揺し「私には悪い情報は教えないで。お母さんが死ぬとは思いたくない」とまるで子供に戻ったみたいに泣きじゃくりました。小学6年生の時から私が母親代わりをしていましたが、バリバリ!?父に逆らっていた私と比べると反抗期もなく全く手のかからない妹でした。また介護が始まったばかりの頃の私は泣いてばかりでしたが、母の障害を素直に受け入れたのも妹で、きょうだいの中で実は一番強くてクールな人間だと思っていました。でも考えてみれば当たり前のことですが幼い妹が寂しくなかったわけはなく、肩を震わせて泣く妹に赤いランドセルを背負った小さな妹の姿が重なりました。

そしてお気付きかと思いますが、母のがんを弟妹に告げるという辛い役目を自分は仕事があるからと父は私に託しました。18歳の私に家のことや2人の世話を全て押し付けたように……。私がやるしかなかったのでこの時も今も気にしてはいませんが、もう少しだけ父が頼れる存在だったら私はここまで強くならなくても良かったかなと思います。母のがん闘病中にも色々やらかしてくれた父の悪口は後でまとめてお話しします（笑）。

●看護師さんとのコミュニケーションツールになった「お母さんノート」

最初に診察を受けた病院では治療ができなかったので都内の病院に転院することになりましたが、父、私、妹はそれぞれ仕事が終わるとほぼ毎日母の

私の介護経験から

病室に集合し、帰りは父の弁当配達の車で家に帰りました。週2日、早朝の番組を担当していた私は夜2時前には家を出なければならず、週の前半はほとんど寝ずに過ごしていました。また救急隊の弟も泊まり勤務明けに病室に必ずお見舞いに来ていて、睡眠不足の私達は母のベッドで仮眠をするという日々を送っていました。私が寝ていて母が車椅子に座っている風景に看護師さんも苦笑いしていたようです。また病室の扉を開けると濃い顔立ちをした町家が勢揃いしていて、看護師さんや先生にプレッシャーを感じさせていたかもしれません。ですが言葉の不自由な母は看護師さんと細かいコミュニケーションが取れませんので不便がないようにという想いと、次の異変を見逃してはいけないという危機感を家族全員が持っていました。「何もできないけれどそばにいたい……」とにかく私達家族は必死でしたし、命の限りを宣告された母と1分でも1秒でも長く一緒にいたかったのです。

それでも家族が不在な時間がどうしてもできてしまいます。その空白を埋めるために私が考えたのは「お母さんノート」でした。母の様子や気になったことなどを家族で共有するために交換日記のような感じで始めたものですが、それ以外にも日中に交わされた看護師さんと母との会話を知るためという目的もありました。何故なら看護師さんから言われたことを母は私達に伝える術がないからです。忙しいことは承知の上で、走り書きでも良いから気付いたことや家族にできることを書いて欲しいと看護師さんにお願いしました。最初のうちは「できたら書きますね」という対応でしたが、母の人柄もあり少しずつ看護師さんも協力してくれるようになりました。

例えば放射線を照射した所にはどうしても赤みや痒《かゆ》みが出てしまいます。そこで看護師さんが「患部に下着が当たって気になるようです。塗り薬を出していますので塗ってあげて下さい」という伝言を残してくれました。ここで大事なのは患部に下着が当たるという指摘です。単に「痒いの?」と聴くだけでは母は「そうなのよ」という返事しかできません。病気になる前も母だったらどう思うかと想像力をフルに働かせて不便のないように暮らしてきましたが、伝えたいことを言葉にできないストレスは決して小さくなかった

私の介護経験から

と思います。看護師さんの何気ない一言が大きなヒントになりましたし、「お母さんノート」は私達と母、そして私達家族と看護師さんのコミュニケーションをスムーズにしてくれる大切なツールになりました。

当時は治療に関しては先生の言う通りにしていれば間違いないと多くの人が考えている時代でした。ですがたったひとりしかいない大切な母の命がかかっています。何も知らないままでお任せにするのではなく家族にも出来ることがあると考えました。分からないことや疑問をそのままにせずに先生や看護師さんに質問するようにしましたし、積極的に治療方針の決定に関わるようにしていました。そして四半世紀が経ちようやく「患者が主役」と言われる時代になりました。治療も進歩しましたし、デジタルツールも進化してコミュニケーションも取り易くなりましたし、医療情報も入手することが簡単になりました。そんな中で、本人や家族が納得して治療を選択するためにはどうしたら良いのかをこの章ではご紹介したいと思います。

患者ではなくひとりの人間として自分らしく生きるためには……

● 本人と家族も＜チーム医療＞の一員という意識を持つこと

我が家の母のように障害のために意思表示ができないケースだけでなく、自己判断や自己決定が難しい高齢者や認知症の人の場合でも、家族が本人の代わりに医療関係者や介護職とコミュニケーションを取る必要があります。24時間365日そばに居られれば良いですが家族にも暮らしや仕事がありますし、離れて暮らしていて頻繁にお見舞いに行けないという家族もいます。第4章で詳しく紹介しましたが現在は地域包括ケアシステムという概念の下に、高齢者や認知症の人であってもその人らしく最期まで住み慣れた地域や我が家で暮らせるように医療と介護の専門職などが連携してサポートしてくれるようになりました。介護を受ける時だけではなく、医療に関しても関わってくれる多職種と信頼関係を構築して、専門職の手を借りながら治療や療養を続けて欲しいと思います。＜**チーム医療**＞という言葉がありますが、本人も家族もその一員です。専門職に出来ることと家族に出来ることは違っていいんです。残された時間を悔いなく過ごすために大切なのは一人ひとりが最善を尽くすこと。

まずチーム医療をスタートさせるために必要なのは「本人はどうしたいのか」ということを確認することです。ある日、入院している母の顔を見たくて面会時間は過ぎていましたが、看護師さんに断って夜遅くに病室を訪れたことがありました。この時は大部屋だったのですが、カーテンで仕切られた狭い空間で無機質な天井を見上げて眠る母を見て「病院のベッドでは死なせたくない」と強く思いました。また入社2年目に父から懇願されてマンションを購入しましたが、父のためではなく母のために選んだ我が家です。どうしても母をその家に連れて帰りたかった。まだ在宅医療が普及していませんでしたので、終末期を迎えた母を自宅に連れて帰ることは決して簡単なことではありませんでした。本当に大きなチャレンジでしたが、もし母だったら家族に囲まれて最期まで過ごしたいと願うだろうと考えて、私は自宅で看取るという大きな決断をすることになります。

●「本当は家に帰りたい」と思っている本音が言えていない現実

治らない病気と分かった時に貴方は最期をどこで過ごしたいですか？「本当は家に帰りたい」と多くの人が思っているということは、厚生労働省が約5年に1度実施している「人生の最終段階における医療・ケアに関する意識調査」の結果を見ても明らかです。最新の令和4年度の調査結果を見ると最期を迎えたい場所はどこかという質問に〈**自宅や介護施設**〉と回答している一般の人は合わせて53・8％、病院は41・6％になっています。ですが実際には8割の人が病院等の施設で亡くなっていて、住み慣れた自宅で最期まで過ごせている人はわずか1割という状況が長く続いています。病院と答えた理由を詳しく見てみると「介護してくれる家族等に負担がかかるから」が最も多く、次に多いのが「症状が急に悪くなったときの対応に自分も家族等も不安だから」となっています。また「あなたが人生の最終段階で受けたいもしくは受けたくない医療・ケアについて、ご家族等や医療・介護従事者と詳しく話し合っていると思いますか」という質問には68・6％が話し合っていないと回答し、前述した〈**人生会議**〉については72・1％が知らないという現状です。さらに意思表示ができなくなった時に備えて書面を作成しておくことに対して「賛成である」と回答している一般の人は69・8％もいますが、前回の調査では9割が作成していないという結果でした。

日本はこれから多死社会に突入します。超高齢社会でもありますので認知症など現代の医療をもってしても治らない病気を抱えながら晩年を生きる人が間違いなく増えていきます。自分らしく最期まで生き切るためには元気なうちに自分の意思をしっかりと示しておく必要があります。調査結果を見ても分かりますが、いざという時の準備をしていない人がまだ沢山います。子供には迷惑をかけたくないと考えているならば、もしものことを考えて言葉にして伝えることは、自分のためでもあり子供のためにもなるということを知っていただけたらと思います。というのも〈**人生の最期**〉に関して親と子供の想いにはすれ違いがあるということも分かっているからです。そして家族だからこそ本音が言えていないことがあります。ほとんどの人が自分の場合には延命や無駄な治療はしたくないと考えているのに、子供の立場になると親に対してはできる限りの医療を受けさせたいと望んでいるという矛盾を抱えています。そしてこの矛盾は医療に詳しいはずの専門職でも同じです。知識があっても実際に終末期に直面した時には、大きく動揺してしまい正常な判断ができなかったり、気持ちが揺らいでしまって不必要な治療をしてしまったという知り合いの医療職は実は少なくありません。一般の人ならばなおさらです。

自分が治らない病気だと分かった時の〈**揺らぎ**〉は誰もが経験することで、考えが変わることもあります。大切なのはそのこともきちんと家族や周りの人に伝えられることです。残念ながらあまり知られていない〈**人生会議**〉は、最期に受けたい医療やケアだけでなく、自分が大切にしていることや最期をどう過ごしたいかという希望についても信頼できる人達と繰り返し話し合う取り組みです。家族には本音を話しにくい場合には、医師や看護師、ケアマネジャーや介護職などに伝えて下さい。そのためのチーム医療・ケアです。

●在宅を阻む要因は家族の「何かあったらどうするのか」という不安

長く続いたコロナ禍で病院や介護施設にいる家族に面会したくても会えなかったという経験をした方も多いのではないでしょうか。私の知り合いにも地方の介護施設に入居していたお母様と会うことができないままお別れすることになってしまった人がいました。そんな中で厚生労働省が公表した2021年の「人口動態統計」によると、自宅で亡くなった人の割合は17・2％で、微増ではありますが増えていることが分かりました。入院したくても入院できなかったケースもあったと思いますが、家族との面会制限が続く中で人生の終末期に悔いなく過ごしたいと考えて在宅を選択した人が多かったことが、長年在宅医療の勉強会を一緒に開催している国内で最大規模の在宅療養支援診療所を運営する医療法人社団悠翔会《ゆうしょうかい》の佐々木《ささき》淳《じゅん》先生が示したデータでも明らかになりました。佐々木先生によると2020年4月から2021年2月末までの在宅での看取りは前年の同じ時期と比べて大幅に増えたということでした。※

全世界の人が当事者になった100年に1度のパンデミック。高齢者、慢性疾患や基礎疾患を抱える人が、医療や介護をどのように選択するのかを当事者意識を持って考える機会になったと佐々木先生は指摘していました。病院でなくとも在宅で出来ることがあるということを理解した人は、「何かあったらとりあえず病院へ」ではなく、これからは受診や入院が必要かどうかを考えて判断するようになるのではとも話していました。前述した「人生の最終段階における医療・ケアに関する意識調査」ですが、私が厚生労働省担当記者をしていた2002年の調査では「自宅で最期まで療養できるとお考えになりますか」という質問に対して「実現可能である」と回答した一般の人はわずか8・3%でしたが、一方で死期が迫っている場合、6割以上の人が「住み慣れた場所で最期を迎えたい」と回答していて、現実と理想の間に大きなギャップがあることが分かっていました。この調査結果を受けて「適切な在宅医療、介護サービスが整い、在宅療養の環境がよくなり、家族の負担等を軽減できるようになれば、病院、老人ホーム、自宅という一般国民の希望順位は変わることもあると思われる」と厚生労働省は指摘し、大切なのは生活する人の視点で、安心できる医療や介護の提供体制の整備が強く求められているとしていました。

それから20年以上も経っていて在宅の環境が少しずつ整ってきているのに、自宅で最期まで過ごせている人がわずかなのは何故か……。最期を迎えたい場所で病院を選んだ人の理由に「急変した時に不安だから」が挙げられていますが、在宅死を阻んでいる大きな要因はこの〈**不安**〉なのです。実は私が母を自宅で看取りたいと提案した時に猛反対したのが父でした。父は常に「何かあったらどうするのか」という言葉を繰り返していました。この＜**何か**＞という表現自体が家族の大きな不安を表しています。何かとはつまり「急変して亡くなる」ということ。死を避けることができないことは頭では分かってはいるのですが、それでも受け入れたくないという気持ちが交錯し、「死」という言葉を口にすることさえ心が拒絶するのです。

・用語解説・　**在宅療養支援診療所**

住み慣れた家で日常生活を送りながら療養できるように24時間365日体制で往診や訪問看護を提供する在宅に特化した診療所のことです。訪問診療と往診の違いは一般の人には分かり辛いですが、訪問診療は定期的・計画的に自宅を訪問すること、往診は24時間いつでも必要に応じて訪問診療することです。日頃から診てくれている＜かかりつけ医＞が24時間往診ができれば良いですが、1人体制だったり医師の高齢化が進んでいて地域の在宅に対応し切れていない現状があります。在宅療養支援診療所はかかりつけ医や急変時に受け入れてくれる病院と共に、在宅を支える重要な柱のひとつです。

●「ナースコールがない」病院とは違う状況に耐えられるか……

病院と自宅との大きな違いはナースコールがないことです。くも膜下出血で倒れ手術をした後、予断を許さない状況だった母はＩＣＵに入っていました。その時に一度、痙攣止めの薬を私が飲ませ忘れてしまったことがありました。小さなカップに入れられたピンク色の液体でした。身体を震わせる母を前に何もできなかった私……。気が付いた看護師さんが冷静に処置をしてくれました。この時のように何かあった時にベッドサイドにすぐに看護師さんや医師が駆けつけてくれるわけではありませんので、父のように不安になるのは当然です。私だって人の死に直面するのは人生で初めてのことで本当は怖かった……。ただ母を病院のベッドで死なせたくないという気持ちの方が強く、最期の時を家族だけで迎える〈**覚悟**〉を決めました。この覚悟があるかどうかが在宅を選択する時の重要な鍵になります。

家族の覚悟が定まっていないために、容態が急変し苦しんでいる姿を目の当たりにして気が動転してしまい、最後の最後で救急車を呼んでしまうというケースは珍しくありません。命を救うことを使命とする病院に搬送してしまえば延命するしかなくなります。我が家の場合は先生と書面などで約束を交わしたわけではありませんが、在宅を選択した段階で急変時に救急車は呼ばないということが前提であることを、私は自然と理解していました。

大切なのは漠然とした不安を放置せずに、具体的に言葉にすることです。私も最初から覚悟が定まっていたわけではありません。在宅を支えてくれた医師と訪問看護師さんと、母の病状の変化について悪い情報も全て共有し、容態が急変した時にはどうしたら良いのかもきちんと話し合いながら、少しずつ覚悟を固めていきました。25年前と比較すると在宅医療や訪問看護の体制はだいぶ整ってきました。医療だけなく支えてくれる介護の専門職も沢山いますので、家族だけで不安を抱え込む必要はありません。「この人になら何でも相談できる」という信頼できる人をひとりでも良いので見つけて下さい。

●伝えたくても言葉にできていない想いを伝えるには……

患者ががんと向き合う日々を〈ペイシェント・ジャーニー〉と呼ぶとご紹介しましたが、この終わりが来ることが分かっている辛い旅を家族もまた共にすることになります。「第二の患者」と表現されることもある家族。痛みを代わってあげられないもどかしさ、何もしてあげられないという無力感、そして何より永遠の別れが来ることを知りながら平常心を保つことは簡単なことではありません。私達家族も母のがんが分かってから口にすることができない言葉がありました。それは「また今度」「また来年」という未来を表す言葉……。「来年は母はもういない」と考えただけで涙腺が決壊してしまうような精神状態でした。そんな言葉にできない想いが澱のように心の中に溜まってしまう状況で役に立ったのが「お母さんノート」でした。父は性格の分かる本当に几帳面な字で、妹はイラスト付きの可愛らしい文面で、それぞれ毎日欠かさずに母について思い思いに綴っていました。その中には「死んで欲しくない」「そばにいられたのは子供達のおかげ」など口にはできない想いも書かれていて、家族の心のケアにも繋がったのではないかと思っています。母は言葉が不自由で心の機微を語ることはできませんでしたが、家族に伝えたいことが絶対にあったはず。今はアナログな形ではなくＬＩＮＥやアプリなどのデジタルツールもありますので、心に閉じ込めてしまっているお互いの想いをどうか生きているうちに吐き出して共有してもらえたらと思います。

最善は尽くせたと思っていますが後悔していることも沢山あります。そのひとつが母と色々な所に行った時の写真を母が生きている時に一緒に振り返らなかったことです。二度と行けないことが分かっているので、私自身が写真を見るのが辛かったのがその理由ですが、「また今度」がないことは母が一番よく分かっていたと思います。「あんな所にも行ったね」「こんなことがあったね」と楽しい思い出を生きている母と共有すれば良かったと今は思っています。絶対に泣いてしまったとは思いますが、発見や気付きの連続だった車椅子の母と過ごした月日は心を豊かにしてくれましたし、間違いなく私達家族は幸せでした。哀しいからと封印せずに泣いても良いからアルバムを紐解けば良かった。きっと最後は泣き笑いになったはずだから……。

●母のことを想い慟哭する父、私も母の前で泣いても良かったのか……

そしてこの哀しみや涙の封印について先日新たな気付きがありました。私達家族は母の前では絶対に泣かないと決めてなるべく笑顔で母に接するようにしていましたが、その約束を一番に破ったのはやはり父でした。まだ母にがんと告げていなかったある日の夕食時のこと。私達きょうだいは母を囲んで楽しくご飯を食べていました。いつも通り焼酎のお湯割りを飲んでいた父の機嫌があまり良くないなと嫌な予感がした瞬間に「おまえらはなんでヘラヘラ笑っているんだ。母さんもうすぐ死んじゃうんだぞ」と母の命の限りと向き合うことに耐えきれなくなった父がお酒の力を借りて言い放ったのです。慌てて母の方を見ると「本当に困った人ね」という感じで、全く動じることなく穏やかな慈愛に満ちた笑顔をしていました。この場面を思い出す度に「この馬鹿親父」と思ってしまっていました。

ところが日本臨床腫瘍学会が主催したがんに関するシンポジウムで、歌人で細胞生物学者の永田和宏《ながたかずひろ》さんとご一緒し、同じく歌人だった奥様を乳がんで失ったという永田さんの経験を伺ってハッとさせられました。永田さんも病気に負けないためにも、奥様のがんが分かった時は平静を装い、変わらぬ暮らしを送ろうと心掛けたそうです。ですが奥様はそんな永田さんを見て〈**置いてけぼり**〉にされたような寂しさを感じていて、その気持ちを歌に詠んでいました。時を経て奥様のがんが再発。永田さんが受けた衝撃は最初の告知の時よりも大きく、狼狽して奥様の前で何度も泣いてしまったと正直に話してくれました。そして「自分のことのように嘆き悲しむ夫の姿を見た妻は嬉しかったようです」というお話を聴いた時に、ふと父と母のことを思い出していました。母のことを想い慟哭する父……。母は永田さんの奥様と同じ気持ちで悲しんでくれている父を見守っていたのかもしれないと思ったのです。病名は告げていませんでしたが深刻な状況であることには母も気付いていたはず。もしかしたら私も父と同じように母の前で素直に泣いても良かったのかもしれません……。

「死者は生者の記憶の中で生きる」永田さんが今も歌を詠み続けるのは奥様との思い出や記憶を形に残すため。そして「自分が生きている間は妻もまた生き続ける。だから哀しくても自分は生きる」という永田さんの言葉はまさに私の想いとも重なります。母を思い出しながら生きている私に対して、永田さんは「町さんもそれでいいのでは」

と優しく静かに言葉を掛けてくれました。永田さんは『歌に私は泣くだらう―妻・河野裕子 闘病の十年』（新潮文庫）など、奥様と歩んだ人生を本にも綴っていますので、永田さん夫妻のお互いを想い合う心と歌に触れてみて下さい。

命の限りが分かった時にどうしたらいいのか……。その答えを私は今も探していますが、どんなに辛く悲しくともその想いを言葉にすることの大切さを改めて永田さんに教えていただいた気がします。奥様の闘病中も様々な想いを包み隠さずに歌に詠んできた永田さんにも伝えられなかったことがあるそうです。それは「君は可愛かった」と「（伴侶が）俺で良かったのか」という言葉。どんなに力を尽くしても悔いは残ります。永田さん夫妻のように上手に歌にすることはできなくとも、照れくさくても大事なことはちゃんと言葉にして大切な人に届けて下さい。できれば病気になる前に……。

●命に関わる選択だからこそ＜シェアード・ディシジョン・メイキング＞を

母と過ごした最期の1年半は選択の連続でした。しかも全てが母の命に直結する重大な選択で、言葉が不自由な母の代わりに私がやらなければなりませんでした。がんを含めて治療や病院選びに関する相談を知り合いから受けることが度々あります。初期のがんであっても動揺してしまい、多くの人が先生の説明が全く耳に入ってこなかったと話します。認知症と同様で「誰がなってもおかしくない時代」と言われていても、多くの人ががんに対してまだマイナスのイメージを持っているからであり、診断を受けた際に大きな不安や戸惑いを抱えるのは仕方がないかなと思います。母ががんになった時と比べてがん治療の選択肢に本当に増えました。手術以外の放射線治療、化学療法、そして遺伝子検査によりがんのタイプを見極めることができるようになり、化学療法の効果があるがんかも診断できるようになりました。

＜**インフォームド・コンセント**＞という言葉をみなさんも聴いたことがあると思いますが、日本でこの言葉が使われるようになったのは１９９０年代のことで、医師から病気や治療法などについて説明を受けて、患者が自分自身の病状を十分に理解した上で治療法を選択することを意味します。そして最近は＜**シェアード・ディシジョン・メイキング**＞という言葉が使われるようになってきました。日本語に訳すと＜**共同意思決定**＞という意味になります。様々な治療の選択肢の中から最適と思われる選択を、医療者と患者が相談して決めていくプロセスを指します。科学的な根拠つまりエビデンスがはっきりしている治療法がある場合には患者は悩まなくて済みますが、母のように進行したがんの場合は手術では治らないことが前提ですので、病状や優先させたいことなどの条件を考慮しながら、先生と話し合いをしながら決めていくことになります。当時はこのシェアード・ディシジョン・メイキングという言葉はありませんでしたが、子宮からの出血を止めるための放射線治療のあとの化学療法に関して、私は母の主治医とまさにこの共同意思決定をすることになりました。

抗がん剤を2回投与し3回目を前にした入院準備のための診察の際に、あまりにも副作用が激しくこのままでは病気のせいではなく副作用で母が弱ってしまうと考えた私は、こちらから先生に3回目を中止したいとお願いしました。今は制吐剤《せいとざい》などの投与によりだいぶ副作用も改善されてはきましたが、1990年代は化学療法に伴う吐き気への対応が全く取られていなかったので、食事がほとんどとれず体重も減少し体力も落ちていきました。すると先生から返ってきたのも「私もそう思います」という言葉でした。実際に血液検査の白血球の数値も低下していました。転移もあった子宮頸がんでしたので、放射線治療も化学療法も母のがんを治すものではないことを理解した上での選択でしたが、積極的な治療から痛みのケアなどの緩和治療に切り替えることは、さらに大きな決断であり苦渋の選択でもありました。

この日、病院から自宅に戻った時に母は何故かなかなか家に入ろうとしませんでした。母は自分の病気ががんであることはこの時にはすでに分かっていたと思いますし、これから自分を待ち受ける運命を予感していたのかもしれません。マンションの玄関前に佇み本当に何の変哲もない風景をしばらく1人で見ていました。まるで目に焼き付けるかのように……。何も語らずにただ静かに運命を受け入れていった母。あの時の車椅子に座る小さくなった母の後ろ姿が今も忘れられません。

●「病院は人が死んでいくのにふさわしい場所なのか」一冊の本と出逢う

実は治療を切り替える決断をする私の背中を押してくれたのは一冊の本でした。早く母に会いたいのに足は重く病院近くにある本屋さんに立ち寄った時にたまたま手にしたのが、在宅ホスピスケアの第一人者の山崎章郎《やまざきふみお》先生が書いた『病院で死ぬということ』（文春文庫）という本でした。１９９０年に出版された本で、終末期を迎えている患者に対して回復不能と知りながら人工呼吸器を装着したり、馬乗りになって心臓マッサージをしたりすることなど、過剰な蘇生が行われていることが赤裸々に書かれていて、当時としてはかなりセンセーショナルな内容でした。その中でも「病院は人が死んでいくのにふさわしい場所なのか」という山崎先生の問い掛けに私はハッとさせられたのです。＜**病院は死に場所じゃない**＞まさにその通りだと思いました。山崎先生の本が夜中に母の病室を訪ねて感じた「このまま母を病院で死なせたくない」という想いを、勇気を持って言葉にしようと決心させてくれたのです。後日談ですが私が関わっている在宅医療の勉強会のゲストに山崎先生をお迎えし、先生の本と偶然出逢ったおかげで、母を住み慣れた我が家で最期まで過ごさせてあげることができましたと、直接お礼を言うことができました。

山崎先生が本を出してから30年以上が経ち、過剰な延命措置が行われることは少なくなってきました。ただし「何もしない」ことに後ろめたさを感じる家族は今もいます。在宅に必要なのは前に書いた＜**覚悟**＞と、もうひとつ患者を苦しめるだけの治療を止めるという〈**決断**〉です。例えば母の場合は年齢も若かったので在宅がスタートした時に、栄養を補うためにＩＶＨ（中心静脈栄養）という点滴により栄養補給をしていましたが、終末期が近づき水分を上手に排出できなくなっている状態で過剰な点滴を続けることは、胸水や腹水、浮腫《むくみ》などの原因になり母を苦しめることになるという説明を受け、納得した上で自然に任せることを決断しました。

〈**人生会議**〉や〈**シェアード・ディシジョン・メイキング**〉をご紹介しましたが、形に捉われる必要はありません。大事なのは納得して選択することです。そして点滴などの治療を止めることは生きることを諦めることとイコールではありません。在宅に関わってくれる医療や介護の専門職とコミュニケーションを取りながら、漠然とした不安はきちんと解消し、本人の意志を尊重するためにできることに家族は心と力を尽くして欲しいと思います。本人が自分らしく居られるためにはどうしたら良いのかを考えれば在宅で出来ることは無限にあると私は考えています。

●在宅医療の目的は「病気を治すことではない」と理解すること

「住み慣れた我が家で最期まで自分らしく過ごす」という表現は響きも耳障りも良い言葉ですが、終末期の在宅の目的は「病気を治すことではない」ということをしっかりと理解することも重要です。ナースコールがないだけでなく病院で出来ることと在宅で出来ることには違いがあります。末期がんの親御さんを自宅で看護していた知り合いが「想像していたのと違っていた」と正直に話してくれたことがありました。在宅での経験が浅い医師にあたってしまったのだと思いますが、病状が悪化した時に自分は何もできないので家族で決めてくれというような言われ方をしたことがあったそうです。相談を受けた時に私は先生を変えた方が良いとアドバイスしました。治らない病気の患者に対して医師の出来ることは、病院か在宅かに関係なくわずかであり、限界があることは明らかです。医師が限界を知ることは大切ですが、一緒に考えていきましょうと言えない医師は、家族の不安を増幅させるだけなので在宅には向いていないと思います。そして同時に知り合いにも本人の状況から何が起きてもおかしくないので家族も覚悟をしておいた方がいいとも伝えました。

末期がんや高齢の患者さんの終末期に必要なのは、高度医療ではなく寄り添う医療やケアであり、変わらぬ暮らしを続けていくことをどうサポートするかがメインになります。我が家に戻ってきた母の場合は、前述したＩＶＨ（中心静脈栄養）の点滴と体重が減少し右半身麻痺もあり自力歩行が難しくなっていたため、安全を第一に考えてトイレを断念し尿道カテーテルを選択しました。もうひとつ大きな選択だったのは人工肛門でした。がんが腸を巻き込むように広がってしまったため排便ができなくなっていて、このままだと腸閉塞を起こしてしまう可能性があり、今なら手術ができると先生から提案がありました。母の主治医の緩和治療科の先生は、元々は小児外科医で自分が手術をするからと言ってくれました。全身麻酔の手術であること、末期がんの身体に小さくともメスを入れることで病巣が増悪する可能性があること、片麻痺のために片肺が潰れていて呼吸に不安があることなどあらゆるリスクを聴いた上で、母にも図を書いて説明し本人も納得して手術を受けることを決めました。お互いに信頼関係が構築されていたからこそ、母の命をかけた手術を選択することができました。この人工肛門に関しては「やっぱり母が一番すごい」エピソードがあるのですがまたのちほど。

●必要なのは過剰な医療ではなく本人らしくいられる環境整備

〈**無駄な延命治療**〉という言葉が終末期の場面ではしばしば使われますが、何が必要で何が不必要なのかもきちんと先生と話をして欲しいと思います。蘇生は難しく回復の見込みのないことが分かっている心肺停止の状況の患者さんへの心臓マッサージは明らかに無意味な行為ですが、この〈**無駄な**〉という言葉がひとり歩きをしてしまい、全ての治療行為やケアまでも拒否するという人がいます。腹水や胸水が溜まっているのに抜かずにいたり、痛みを緩和するための放射線治療や痛み止めなどの鎮痛剤を拒否したり……。母の場合は前述した人工肛門の選択は無駄ではありませんでした。手術は無事に成功し、結果的に排便の苦しみから母は解放され、寝たきりの状態になりましたが、最期の数か月を穏やかに過ごすことができました。何がその人にとって苦痛になっているのかを考慮し、身体的な痛みには緩和ケアを、孤独を抱える心の痛みには対話を、そして家族はそばで見守るという大切な役割があります。

また家族は見守るだけではなく自宅にいるからこそ、写真や動画を見ながら一緒に楽しい思い出を振り返ったり、好きな音楽を聴いたり映画を観たりすることもできるはず。言葉の不自由な母は枕元に用意しておいた飴やガムを、毎日来てくれる訪問看護師さんに「感謝だわ」と言って渡していました。厳しい状況であることは本人も分かっていたはずですが、そんな中で感謝の言葉を口にできた母の姿から最期まで人には役割があるということも学びました。ひとつでも良いので、最期まで出来ることを実現できる環境を作ってあげて欲しいと思います。終末期には過剰な治療は必要ありませんが、その人らしく過ごすためのきめ細かいケアや支援は本人の生きる希望に繋がり、最期まで生き切る後押しになるはずです。

●「最期のひとスプーンまで口から食べる」香りだけでも良い

少し時間を巻き戻しますが後悔していることがまだあります。がんが進行して体重が減少して体力が無くなる状態を「がん悪液質」と言いますが、母もこの悪液質のために食事が徐々にとれなくなっていきました。当時、私は「食べることを諦めることは生きることを諦めること」と思い込んでいたので、食べられなくなっている母に無理やり沢山の料理を作って「食べないとダメだよ」と無理強いしてしまいました。食べたくても食べられない母も泣き、食べて欲しいのに食べてくれない母を見て私も泣いて、泣きながら家を飛び出すという日が何日もありました。

母亡き後ですが1981年に日本初のホスピスとして開設された聖隷三方原《せいれいみかたはら》病院の聖隷ホスピスの立ち上げに携わった管理栄養士の金谷節子《かなやせつこ》さんにお話を伺う機会がありました。金谷さんは「最期のひとスプーンまで口から食べる」をテーマにがん患者や嚥下機能が落ちている高齢者が食べられる嚥下食の研究開発に長年取り組んでいる方です。聖隷三方原病院のホスピスでは家庭と同じように朝はお味噌汁の香りが漂うように各階の病棟で食事を作るようにしたそうです。「食べられなくても香りだけでも楽しむことができる」という言葉を聴いて、そうだったのかと反省しました。食べられなくなっていた母が一番辛かったのに、本当に申し訳ないことをしてしまいました。

このがんによる悪液質の原因のひとつとされるのが、がん細胞から分泌されるサイトカインと呼ばれる物質で、体内でこのサイトカインが過剰に増えることで全身に炎症が起きて筋肉量が減って痩せていくと考えられています。この悪液質に対する治療薬が２０２１年に日本で初めて承認されています。ただし落ちた筋肉を増やすには薬だけでは不十分で、適切な運動や栄養の摂取も必要になります。医師や看護師だけでなく、薬剤師、理学療法士、作業療法士、管理栄養士など様々な職種によるチーム医療が、がん治療ではこれから益々重要になっていくことは明らかです。私も頑張って母のためにミキサーを買って野菜ジュースを作ったり、婦人科系のがんに良いと言われる果物などを食事に取り入れるようにしていましたが完璧にはできませんでした。ぜひ食事作りも栄養管理を得意とする専門職によるサポートを受けて欲しいと思います。そして金谷さんの言う通り一口でも良いんです。もし私だったら大好きなビールと唐揚げを食べたいと仲良しの看護師さんやドクターには伝えています（笑）。

●命は限りがあるから輝く＜ありのまま＞を受け入れること

重い障害を負い車椅子の生活になった母は、最期は人工肛門、ＩＶＨや尿道カテーテル、オムツを使用するなど第三者から見たら「こんな状態で生きていても意味があるのか……」と思われても仕方がないような厳しい状況に直面しました。そして取材などでがんや筋萎縮性側索硬化症（ALS）など様々な病気や障害と共に生きる人とたくさん出逢い、「生きるとは」や「命とは」についてより深く考える機会が与えられてきました。

そんな中で2016年に神奈川県相模原市の障害者施設で19人の入居者が殺害されるという事件が、2020年にはALSの女性患者に対して薬物による殺害を請け負ったとして2人の医師が嘱託殺人で逮捕される事件が起きました。私はこの事件を取材していませんので、事件を起こした人間を憶測で語ることはここではしません。というよりもできないと言った方が正しいでしょうか。ただふたつの事件が私達に突き付けている「生きている意味」という重い課題について私は今も考え続けていますし、みなさんにも自分事として捉えてもらえればと思っています。

第2章で母が入院していた脳外科病棟で医療により生かされている患者さんと共に過ごす時間の中で、18歳の時に「生きるとは」について考えさせられたことを書きました。その後、車椅子の母と過ごす中で、障害も母の一部であり、その人がその人であることに変わりはないこと、どんな状態であってもありのままを受け入れることの大切さなどに気付くことができました。人工肛門に関してもこんなエピソードがあります。お腹に装着された便が溜まるパッチを交換するのも家族の役割でしたが、きっと母は落ち込んでいるだろうと私は思っていて、どんな言葉を掛けたらいいのだろうと悩んでいました。ですが私が初めてパッチを交換する時のこと。ベッドサイドに行くと母が「ほらほら」と言ってパジャマをめくるので「なあに」とのぞきこむと、ちょうど人工肛門から便が出るところでした。「ほらねぇ」とまるで珍しいおもちゃを見せるかのようなおどけた笑顔で母が明るく教えてくれたので「本当に良いウンチが出たね」と私は言うことができました。母が私の心の負担を吹き飛ばしてくれたのです。もし私だったら母のようにできるだろうか……母には勝てないと思った瞬間でしたし、我が家で一番すごいのは母でした。最期まで笑顔を絶やさず「感謝だわ」という言葉を口にし、生き切った母の姿は〈**限りがあるからこそ命は輝く**〉ということを教えてくれました。そして〈**生きる意味のない命などない**〉ということも……。

●「そこに在るだけでいい尊さ」ひとりの人間が歩んできた人生と向き合う

そんな母のような状態を「そこに在るだけでいい尊さ」と表現してくれた先生がいました。そして先生は「何のために生かされているのか」ではなく「私達に何を語り掛けているのか」を問うべきだとも言っていました。その人は富山県砺波《となみ》市で長く在宅医療に携わっている佐藤伸彦《さとうのぶひこ》先生です。佐藤先生は今から10年以上前の2010年に介護施設でも病院でもない終末期を迎える第三の居場所〈**ものがたりの郷**〉を立ち上げた医師です。この〈**ものがたりの郷**〉は賃貸集合住宅で、がんなどの終末期を迎えている患者さんが我が家と同じように自由に暮らしながら、医療や介護サービスを受けられる場所で、もちろん家族とも一緒に過ごすことができます。当時はまだ在宅医療の体制が今ほど整っていませんでしたので、本人と家族が安心して最期を過ごせるようにと、佐藤先生が考えた既存の制度には縛られない新しい居場所の提案でした。そしてこの最期の時を過ごす〈**ものがたりの郷**〉という場所をさらに進化させた〈**ものがたりの街**〉を佐藤先生は2020年にオープンしました。〈**ものがたりの街**〉には訪問看護、訪問介護、診療所を併設した〈**ものがたりの郷**〉、薬局、カフェなどの交流スペースや菜園もあります。私も見学に行きましたが田畑の中に家々が点在する散居村《さんきょそん》と呼ばれる砺波の風景に溶け込んでいて素敵な空間でしたが、「まだものがたりの街は完成していません。地域に住む住民のみなさんとここから、そしてこれから安心して暮せる場所を一緒に創り上げていきます」と佐藤先生が話していたのが印象的でした。

「病を治すことを目的とするのではなく人生の最期の時を悔いなく生き抜くことを支える医療があってもいい。『死』を正面から見据えながら、残された少ない『生』を援助する医療が〈**看取りの医療**〉であり、終末期で大切なのはひとりの人間が歩んできた人生、つまりものがたられる『いのち』に向き合うこと」と佐藤先生は終末期医療について話しています。佐藤先生が何故看取りの医療に取り組むようになったのか。ある総合病院に佐藤先生が勤務していた時に、救急で運ばれてきた患者さんの命を救ったはずなのに、のちにこの患者さんが自ら命を絶つという出来事があったそうです。本人が亡くなっているので重い後遺症が残ったことが原因だったのかは不明ですが、最先端の医療で生命体の「命」を救ったはずなのに、患者の「いのち（人生）」

を救えなかったという経験をしたからこそ辿り着いた医療の形だったのです。

終末期で尊厳という言葉が使われますが、この「尊厳とは」の答えを佐藤先生は、ものがたられる「いのち」に向き合う看護師さん達から教わります。病気のために寝たきりになっていた患者さんのことをもっと知りたいと、ものがたりの郷の看護師さん達が家族と一緒に作り上げた写真集〈**ナラティブアルバム**[※]〉には、生まれた頃、仕事をする様子、奥様との出会いなど患者さんの「人生」が刻まれていたそうです。私が唯一後悔しているのは生きている母と一緒に思い出を振り返らなかったことだとお話ししましたが、ものがたりを共有してきた家族だからこそできることがあるということを気付かせてくれたエピソードです。家族を含めた最期の時を見守る全ての人によって〈**ものがたり**〉を語り継ぐプロセスの中で、初めて尊厳という言葉が血の通った意味を持つのではないでしょうか。

そして私は母を自宅で看取りましたが、何が何でも「在宅がお薦めです」とは実は考えていません。在宅を決断させてくれた山崎先生も「覚悟が定まっていれば場所は関係なく、その人らしく居られる場所はどこでもホスピスになる」と話してくれました。終末期を迎えている時に大切なのは＜**場所**＞ではなく、本人や家族の覚悟と決断を支え見守ってくれる信頼できる＜**人**＞がいるかどうかですので場所にこだわる必要はないのかなと思います。

用語解説

ナラティブ

意味は直訳すると「物語」という意味になりますが、物語の筋書きや内容を指す「ストーリー」とは意味合いが違っていて、私達一人ひとりが主体的になって紡いでいく物語のことを＜ナラティブ＞と呼びます。１９８０年代にオーストラリアのソーシャルワーカーが家族療法に＜ナラティブセラピー＞を取り入れたことが始まりで、１９９０年代に臨床心理学の領域でカウンセリングの時に、自分自身が語る、つまりナラティブを通じて解決方法を見出すという＜ナラティブアプローチ＞という支援方法が生まれたと言われています。そして最近では医療において「物語りと対話に基づく医療」（ナラティブ・ベースド・メディシン）が注目されています。

●どんな状態であっても「幸せ」を感じ「感謝」できるか……

今一度「こんな状態で生きていても意味があるのか」という問い掛けについて考えてみたいと思います。以前〈安楽死※〉をテーマにしたテレビ番組に出演した時に、視聴者アンケートを取ったところ安楽死の法制化に賛成だという意見が圧倒的に多いという結果になりました。またがん患者、緩和ケア医、難病患者の家族をパネラーに迎えた勉強会を開催した際にも、参加者の中で特に若い人が賛成に手を挙げていました。ですが賛成と答えた人の中で〈**安楽死**〉を本当に正しく理解している人がどれぐらいいるのか、私は大いに疑問を感じています。

海外で行われている安楽死には医師が薬を直接投与する方法と医師により処方された薬を患者自ら服用するか、もしくは患者が点滴のストッパーを外す方法があります。いずれにせよ「医師による致死量の薬剤の処方」がなければ安楽死は成立しない〈**究極の医療依存**〉であることを、ほとんどの人が自覚していないのが現実です。安楽死は英語で「Doctor assisted Death」もしくは「Medical aid in Dying」などと表現されることからも医療と密接に関係していることは明らかです。

また安楽死を合法化しているという表現も実は正しくありません。前述したテレビ番組などでご一緒した海外の安楽死事情を取材し2017年に『安楽死を遂げるまで』(小学館)を、2019年に『安楽死を遂げた日本人』(小学館)を出版している、スペインなどを拠点に活動するジャーナリストの宮下洋一《みやしたよういち》さんによりますと、1970年代から長い議論の末にやむを得ない最後の手段として2002年に安楽死を法制化したオランダでも、認められているのは〈**安楽死の権利**〉ではなく、薬を投与あるいは処方した医師を殺人や自殺ほう助の罪に問わない「免責」が法律で定められているとのことでした。つまり法律で守られているのは「死ぬ権利」ではなく「安楽死に手を貸した医師」ということになります。またスイスで2011年に設立された不治の病で苦しむ人などに自殺ほう助を実施している団体は、患者が点滴のストッパーを外す前に医師と患者の会話を動画で撮影します。これは「殺人ではない」という証拠として警察に提出するためで、患者は「これから安楽死します」と明言しなければならないそうです。さらに安楽死が実行された時には検視官が訪れますし、条件がきちんと守られているかを審査する機関も存在しています。

そして「滑り坂」※と専門家の中で言われている安楽死の対象の拡大解釈が進むという現象が起きていて、海外では精神疾患の患者や認知症の人にも安楽死が適用されています。長く活動をお手伝いしている筋萎縮性側索硬化症（ＡＬＳ）の患者家族のみなさんは20年以上前から、日本で安楽死が認められた場合に同じことが起きる可能性は否定できないと、安楽死の法制化にはずっと反対の声を上げています。

日本では尊厳死と安楽死を混同している人も多く、このままでは安楽死は美しい死に方だと錯覚したまま法整備が進んでしまう懸念があると宮下さんは指摘していました。海外でも安楽死が認められていても緩和ケアが充実している地域では安楽死は選択されていないそうです。前述したＡＬＳの女性患者に対して薬物による殺害を請け負い嘱託殺人の罪に問われている2人の医師は主治医ではありませんでしたが、オランダではかかりつけ医が安楽死を実行します。そのオランダで安楽死を初めて実施する医師が心理的負担から注射を打てなかったという事例があったということも見逃してはならない重要なポイントです。安楽死に賛成する人は「死ぬ権利」があると主張しますが、その権利を患者が行使するということは、寄り添ってくれている医師に殺人や自殺ほう助の手助けをさせるということなのです。

実際に安楽死の現場に立ち会った宮下さんは、安楽死の選択の陰に〈**孤独**〉を感じたそうです。治らない病気と診断されたり、元には戻らない障害を負うことは辛いことだと思います。それでも私は末期がんでありながらがん医療を良くしたいと活動をした人、人工呼吸器を必要とする難病でありながら世界を飛び回る人、認知症や障害があっても地域で当たり前の暮らしが送れることを証明している人達がいることを知っています。誰もが一度は絶望を味わいながらも、再び前を向き自分らしく生きています。そしてどんな状態であっても「幸せ」を感じ、生かされていることに「感謝」できることを教えてくれています。この本の中でも何度も〈**尊厳**〉という言葉を使ってきましたが、私は最期まで生き切る生命に対して尊厳という言葉は使われるべきだと考えています。

用語解説 **安楽死**

回復の見込みがなく死期が迫っている、耐え難い激しい肉体的苦痛を抱えている、肉体的苦痛を取り除くための方法を尽くした上で代替手段が他にない場合に、患者の希望により主治医が薬物を用いて人為的に死へ至らしめる行為のことです。日本では生命維持のための治療を中止して自然に近い形で終末期を迎えることを「尊厳死」と表現しますが、海外では第三者の積極的な介入により生命を終わらせる「積極的安楽死」とは区別して「消極的安楽死」と呼んでいます。安楽死を選択した患者へ薬物を投与、もしくは処方した医師は日本では刑法202条により「自殺ほう助」や「嘱託殺人」の罪に問われます。

・用語解説・

滑《すべ》り坂

「滑り坂」とはひとつの事例を容認するとなし崩し的に対象や定義が広がっていき取り返しのつかない状況へと滑り落ちていくという現象を表現した言葉です。安楽死が実施されているオランダでも推進していた医師から「滑り阪は起きた。こんなはずではなかった」という声が上がっているそうです。何故なら初め安楽死が認められていたのは終末期の患者だけでしたが、高齢者、認知症、精神疾患、子供も安楽死の対象になっているからです。厳密な条件の下で実施されているので「滑り坂」は起きていないと指摘する専門家もいますが、安楽死の対象が拡大されているのは紛れもない事実です。

●孤独を照らすのは〈希望〉であり、希望をもたらすのは〈人〉……

ＡＬＳの女性患者に対して薬物による殺害を請け負い嘱託殺人の罪に問われている医師は安楽死を肯定する投稿をＳＮＳにしていたそうですが、「楽にする」を短絡的に「死」と結びつけてしまう発想しか医師が持っていないことにこそ大きな問題があると思います。苦痛を取り除くための方法を尽くさずに、主治医でもない医師が致死薬を投与する行為は安楽死ではなくやはり殺人です。終末期の母を家に連れて帰ることを後押ししてくれた山崎先生は、在宅医として沢山の死と向き合ってきました。山崎先生は安楽死に関して「患者さんが安楽死を望んだとしたら、それは私達のケアが足りていないからだ」と指摘しています。もし患者から「生きている意味があるのか」と問われた時に、医師が患者に手渡すべきは薬ではなく〈**希望**〉でなくてはならないとも。治らない病気の患者さんに対して医師ができることがごくわずかなことは明らかですが、それは医療の限界であって患者の限界ではありません。富山県砺波市の佐藤先生や悠翔会の佐々木先生のように〈**支え見守る医療**〉に取り組む先生は確実に増えてきていますし、医師以外の専門職によるケアの質は向上していますし、生きるための支援の選択肢も広がってきていることをもっと多くの人に知ってもらいたい。不治の病でも生きることを諦める必要はないのです。

「自分も何度も死にたいと思ったことはあった」と語るのはＡＬＳ当事者で重度障害者の介助者の育成に取り組んでいるＮＰＯ法人「境を超えて」※理事長の岡部宏生《おかべひろき》さんです。京都のＡＬＳ嘱託殺人の事件が起きた時に様々なメディアで発言をしていた岡部さんとは、もう20年近いお付き合いになります。岡部さんが生きることを諦めなかったのは、同じＡＬＳを抱えながら自分達の療養環境をより良いものにするために活動する先輩の患者さんがいたからでした。岡部さんに生きる希望を与えたのはＡＬＳの患者家族を支援するピアサポート団体ＮＰＯ法人「さくら会」※の橋本操《はしもとみさお》さんです。

私が報道局に異動したばかりの２０００年代初めに、人工呼吸器を選択した患者さんには絶対に必要なケアである痰※の吸引をヘルパーにも認めて欲しいと訴え続け、先頭に立って活動をしていました。操さんは日本で初めて痰の吸引などの医療的ケアを含めた全ての介助を、24時間365日ヘルパーや学生に担ってもらうことに成功した人で、家族を頼らずに自立してひとり暮らしをしていました。出逢いは取材がきっかけでしたが、それから25年近くどんな状態であっても生きることを諦めることなく当たり前に暮らせる社会を目指す同士としてお付き合いさせていただきました。人工呼吸器をつけながらも国内外を飛び回り、常にウィットに富んだ言葉で私達を叱咤激励してくれた操さん。生きる権利を獲得するために命をかけて闘った操さん達の声が国を動かし、ヘルパーによる痰の吸引が認められる瞬間を取材できたことは記者人生の大きな財産です。生き辛さを解消するためには〈**当事者**〉の声が必要不可欠であり、社会を変える力があると確信しましたし、当事者の声を無きものにしてはならないと心に強く誓った取材でした。「ALSでも寿命を全うすることができる」その言葉通りALSと共に生きて約37年、人工呼吸器を着けて29年、69年の人生を操さんは生き抜きました。そして操さんからバトンを受け取った岡部さんは「一生懸命生きる姿を見せること」と自らも全国を飛び回り積極的に発信を続けていて、そんな岡部さんの姿が別の患者さんの〈**希望**〉に繋がっています。

ＡＬＳ患者で世界的に有名なのはイギリスの物理学者のスティーヴン・ホーキング博士ですが、若くしてＡＬＳと診断されながらも76年の寿命を全うしました。ホーキング博士は障害と共に生きることについて「何ができないかを無念に思わないこと。身体だけでなく精神的にも障害者になってはいけない」とかつてインタビューで答えていました。そして病気に心を支配されずに「宇宙を完全に理解すること」を人生の目標に生き抜いた博士は「命あるところに希望がある」という言葉を残しています。安楽死を望む影に〈**孤独**〉があるのであるならば、孤独を照らすのは〈**希望**〉であり、その希望をもたらすのは〈**人**〉だと思います。そこに在るだけで誰かの生きる希望や光になる人、私にとってまさに母はそんな存在でした。

そして生きる希望であり人生の全てであった母を失った父の喪失感は、私が考えているよりもはるかに深く、家族の力だけでは父を哀しみの底から助け出すことができませんでした。私の人生において最も悔いを残している母亡き後の父のことに触れながら、父のようにはなって欲しくないという願いを込めて最終章を綴っていきたいと思います。

・用語解説・　**NPO法人 境を超えて**

重度障害当事者や家族が自分らしく生きられる社会、安全に安心して生活できる社会に寄与することを目的に活動するNPO法人です。重度の障害を持つ人が在宅で自分らしく生活するためには〈介助者〉が必要です。そして介助者には一人ひとりの状態に合わせた医療的ケア、身体介助、特別なコミュニケーション、そしてその人が望む生き方をサポートできるスキルとスタンスが求められます。「境を超えて」ではそんな介助者の育成事業や派遣事業、家族相談やピアサポートも実施しています。

URL ▸▸▸ https://sakaiwokoete.jp/

・用語解説・

NPO法人 さくら会

ALSの患者家族と在宅ケアに携わる人達が設立したピアサポート団体で、家族介護に頼らない在宅人工呼吸療法を追求しています。人工呼吸器や経管栄養などの医療的ケアを必要とする人と家族の「ふつうの暮らし」を支援する事業を実施しています。介護職員などの痰の吸引などの研修事業、医師や技術者と共同で難病患者のコミュニケーションツール開発やQOL向上のための研究事業も行っています。

URL ▶▶▶ http://sakura-kai.net/pon/

・用語解説・

ヘルパーや介護職による痰の吸引

痰の吸引は医療行為とされヘルパーや介護職員が業務として行うことは禁じられていたため、在宅で暮らすALS患者の家族は24時間の介護を余儀なくされていました。前述したようにALS患者さん達の活動により2003年に在宅療養をしているALS患者に限り家族以外のヘルパーにも条件付きで認められました。その後、２００５年にはＡＬＳ患者以外の在宅療養者に対しても認められ、２０１０年に厚生労働省は原則として医師や看護師にしか行えない医療行為の一部を、介護職員が研修を受け、医師の指示や看護師との連携などの条件の下に認める通知を出しました。さらに「社会福祉士及び介護福祉士法」が改正され２０１２年からは研修を受けた介護職による痰の吸引の実施が可能になっています。

受援力

⑦

人を動かすきっかけになる

「支えていたつもりが支えられていた」車椅子生活になった時も、命の限りが分かった時も母は私達の前で涙を流すことはありませんでした。介護は＜映し鏡＞のようなもので、母が自分の運命を受け入れていたからこそ、家族も前向きに新しい人生を歩むことができました。「失って初めて気付く」とよく言いますが、失う前に沢山の大切なことに気付けたのは母のおかげです。「人生は長さではなく深さ」もそのひとつ。今思うと母は＜受援力＞に満ちた人でした。母のためならと家族だけでなく、みんなが自然に手を差しのべてくれました。＜受援力＞は人を動かすきっかけになる……また母に教えられました。

LAST
CHAPTER

最終章

「喪失」に耐えられるか？
これから介護は男性の問題に……

祈り・再会

母の願いは残された者が笑顔で生きること、〈再会〉その時まで……

50歳の誕生日を目前にした11月9日に息を引き取った母。在宅を選んだ時から家族の手で看取ると覚悟していた通り、最期の瞬間に立ち会ったのは父、伯母、妹、そして私でした。数日前にがんによる疼痛がひどくなったためにモルヒネを投与していたので、意思疎通はできなくなっていましたが、最期の最期に目をパッと見開いて父の方を見てニコッと微笑んで母は旅立ちました。聴覚は最後まで残っていると看護師さんからも言われていましたので、アナウンサーになったことを一番喜んでくれた母のためにも、私に出来ることは笑顔でテレビに出ている姿を観てもらうことだと考え、実は最後まで仕事を休むことはしませんでした。この日も早朝の番組のオンエアのために夜中の2時前に家を出なければなりませんでしたが、これが生きている母と交わす最期の「行ってきます」になると覚悟をして声を掛けてから会社に向か

私の介護経験から

いました。

多くの人は〈**看取る**〉という言葉から息を引き取る瞬間に立ち会うことをイメージするかもしれませんが、私は母の命の限りが分かった日から〈**看取り**〉は始まっていたと考えていました。それは妹も弟も同じで弟はこの日は勤務で現場に出ていました。覚悟はしていたようで亡くなったことを伝えるために連絡すると弟はすぐに電話に出ました。職場の人が配慮をしてくれて30分ほどで帰宅した弟の手には大きな花束が……。無口で不器用な弟の母への想いに触れてこの時は号泣しましたが、ここだけの話ですが講演では「できれば花束は生きている時に渡してあげて下さい。亡くなった後では本人には分かりませんから」とみなさんにはアドバイスしています（笑）。

まるで寝ているような穏やかな表情でベッドに横たわる母の背中の下に手を入れるとまだ温もりが残っていました。「まだ温かいね」と呟いた弟もちゃんと看取りに間に合ったと思います。最期まで看取るつもりで一生懸命に介護していたのに、少しそばを離れたタイミングに……という話は実はよく聴きます。私の知り合いでも自分の手で母親の介護をするために仕事をかなりセーブして10年もの長きにわたり介護をしていた男性介護者がいました。たまたま家を空けていた日に亡くなり非常に悔やんでいましたが、お母さんは心から息子さんに感謝していたはずです。大切なのは別れの時が来るまでの時間をお互いに悔いのないように過ごすことだと思います。

●変わりゆく妻を見守る一番辛い役目を引き受けてくれた父……

私達きょうだいが母の看病をしながら仕事を続けられた理由はもうひとつあります。実は母に末期がんが見つかったのと同時に、父にも精密検査を受けてもらったところ初期の胃がんだということが分かりました。父は胃がんの手術のために、母は看取りの準備のために入院していた時が、我が家の一番のピンチだったかもしれません。母に万が一のことがあった場合に備えて、手術を終えた父には仕事を辞めてもらい、自分自身の療養を兼ねて母のそばにいてもらうことにしました。変わりゆく妻を24時間そばで見守る一番辛い

私の介護経験から

役割を父が引き受けてくれたので、私達は仕事を続けることができたのです。

元々お酒ばかり飲んでいた父ですが胃を切除したダメージと母を失った精神的なショックは相当なものだったと思います。簡単には立ち直れないことは分かっていましたので、しばらくは仕方がないと私と妹も父を見守ることにしました。社会人になった時から名実共に私が我が家の大黒柱になっていましたので、父がすぐに働かなくても大丈夫な経済状況だったということもありました。日中は母が使っていた介護用のベッドに横たわり、夜は私達が寝ている間に隠れてお酒を飲むという日々が続きました。

実際にお酒に酔った時に「母さんの後を追って俺は死ぬ」みたいなことを口走ることがあり「悲しいのはお父さんだけじゃない！　そんなに死にたいなら死んじゃえ」と私が言い返すということも度々ありました。母に人生を捧げてきたのは私も同じでしたので父の気持ちは痛いほど分かります。私もどんなにお酒を飲んでも酔うことができずに、家に帰ってきて夜中に冷蔵庫を開けて飲みたくないのにまたビールを飲むという状況がしばらく続いていて、同じ部屋で寝起きしていた妹に心配をかけてしまいました。

講演を聴いてくれた父と同世代ぐらいの男性から「お母さんを亡くして子供達も辛いけど、妻を失う哀しみはまた別のものだよ」と言われたことがあると書きましたが、ある在宅の先生からも「他者を100％理解することは不可能だからこそ、理解しようとすることが大事」という話を聴いた時に、悲しいと慟哭する父に私が掛けてあげなければならない言葉は「お父さんが一番悲しいね」だったと気付かされました。ただ私にも余裕はありませんでしたし、当時まだ私は20代……。「町さんが優秀で強かったからできた」という高校生が書いてくれた感想文の指摘は、半分は正しく確かに勉強はできました。ただ学校の勉強は〈**その日を生き抜いていくため**〉には何の役にも立ちませんでした。繰り返しになりますが強かったのではなく、何度も何度も涙を流し、悔しい想いをする中で生きていくために強くならざるを得なかったのです。ですが振り返るとその私の強さが父を逆に弱くしてしまったのかもしれません。

●「こんなにも立ち直れないとは……」人目も気にせずに泣いた父

父もなんとか立ち直ろうとはしていましたが、心よりも先に身体が悲鳴を上げました。何度か救急車で運ばれることもあり、最終的に入院した時に告げられた病名は「ウェルニッケ・コルサコフ症候群」という聴いたこともない病気で、アルコール依存とビタミンの欠乏により脳が委縮してしまっているとのことでした。詳細は拙著『十年介護』を読んでいただければと思いますが、父の抱えていた大きな喪失を埋められるのは母だけで、私達きょうだいはどうすることもできなかったのです。母が亡くなった時はまだ50歳で、6年あまりの月日を失意の中で過ごした父は、哀しみを紛らわせるために駄目だと分かっていながらもお酒を飲み続けて、自ら命を縮めてしまいました。

父亡き後に知ったことですが、父のことを気にしてくれたご夫婦がお茶に誘ってくれたことがあったそうで、その時に「子供に迷惑を掛けていることは分かっているけれど、こんなに立ち直れないものだとは自分でも思っていなかった」と人目も気にせずに泣いていたそうです。娘に吐けなかった弱音を聴いてくれていた方がいて少しホッとしましたが、家族の力で何とかしようとせずに、もっと第三者の力を借りれば良かったと後悔しています。最終章では本当に最後の最後まで〈**反面教師**〉だった父を通して、男性介護の問題をみなさんと考えていければと思います。

男性介護者が家族と共倒れしないために出来ることは……

●「介護殺人」の加害者の多くは夫や息子であるという現実

後を絶たない介護や看護疲れによる殺人。認知症の77歳の妻を殺害した83歳の夫が逮捕後に食事を拒否し続けて病院で衰弱死するという事件や、約40年介護を続けてきた79歳の妻を車椅子ごと海に突き落とし殺害したとして81歳の夫が殺人の罪に問われた事件は、私にはとても他人事とは思えませんでした。妻を自分で殺してしまい餓死を選んだ男性には父の姿が重なりましたし、後者の事件で亡くなった車椅子の奥様は脳梗塞のため半身麻痺だったとのこと。介護が始まったのが40年前ということは、障害を負ったのは私の母と同じくらいの年齢であり、もし母と父が生きていたら……と思わずにはいられませんでした。

警察庁が殺人の直接の動機として「介護や看護疲れ」を発表するようになったのは2007年からで、厚生労働省も2006年に施行された「高齢者虐待の防止、高齢者の養護者に対する支援等に関する法律（高齢者虐待防止法）」に基づき介護を巡る死亡事例を公表しています。「介護殺人」は最近注目されるようになったわけではなく長年放置されてきた問題だと私は感じています。年間40件から50件ほど介護殺人が起きていると言われていますが、この数字は〈**氷山の一角**〉でしかありません。何故なら無理心中で加害者も亡くなっているケースもあり事件化していないものもあるからです。全ての事件の加害者と被害者にそれぞれの事情があり、一人ひとりに歩んできた人生があったはず……。

実際に起きた介護殺人などを基に実施された調査研究がいくつもありますが、どの調査でも介護殺人の加害者は男性が多いことが明らかになっていて、割合は6割から8割で事件を起こしているのは夫か息子でした。女性も2割から4割ということになりますが、令和5年度版の高齢社会白書では介護者の割合は女性が65%で男性が35%と圧倒的に女性が多く、男性介護者の母数が少ない中で殺人にまで至ってしまっているということは、それだけ男性が追い詰められるということの証です。

●追い詰められる前に〈自分の限界〉をきちんと自覚すること

「声をあげられる人はまだ幸せだ」私がフリーになってから介護や医療をテーマにコツコツ綴っているブログに介護をしている男性からこんなコメントが寄せられたことがありました。介護保険制度がスタートして四半世紀も経とうというのに、介護殺人が無くならないのは介護家族に対するケアが不十分である証明であり、一方で介護を担っている家族、特に男性には「介護は家族がやるもの」という古い固定観念が根強く残っていて、意識を変えられていないことも背景にあります。「**〈自分の手で介護をする＝親孝行〉**という根強い〈**常識**〉が、家族にとって介護を辛いものにしている」と指摘するのは介護虐待を無くす活動をしているNPO法人※「となりのかいご」代表の川内潤《かわうちじゅん》さんです。『親不孝介護　距離を取るからうまくいく』（日経BP）などの著書も出している川内さんは、その常識を捨てて、親と適切な距離をとって負担を軽減することが、かえって親のためにもなり、仕事と介護の両立も可能にすると話しています。これから介護離職を迫られるのは男性だというお話をしましたが、前述した高齢者虐待防止法に基づく厚生労働省による高齢者への虐待に関する調査では、息子による虐待が多いことが分かっています。川内さんは大切な仕事を失ったり愛する家族を傷つけてしまわないように、現場はプロに任せ、家族は良きマネジャーに徹するという〈**親不孝介護**〉を提案しています。この親不孝とは決して介護を人任せにすることではありません。

実は介護殺人といった事件を起こしてしまう人も、その前に介護サービスを利用していたり、地域包括支援センターやケアマネジャーに相談しているというケースも含まれていて、第三者の力を借りてはいるのです。それでもなお「自分で介護しなければならない」「介護施設には入れたくない」「子供に迷惑を掛けられない」という思い込みをしていたり、「将来を悲観した」「妻が不憫」「一緒に死のうと思った」などの理由から介護殺人に至ってしまっています。

憎しみのためではなく相手を心から大切に思い、介護の責任を一身に背負ってしまったが故に、追い詰められてしまった結果として事件が起きているということはよく分かっています。介護を受けている本人が「生きていたくない」と懇願するケースもありますが、もし病気や障害を抱えた当事者が生きることを諦めていなかったならば、献身的に寄り添ってきたけれど、疲れたから一緒に死のうは独りよがりの決断でしかありません。

切羽詰まる前に出来ることは沢山あります。まずは「自分の限界」をきちんと自覚することです。これは介護と仕事の両立の章でもお伝えしましたが「自分がやらなければ」「自分しかいない」という思い込みを今すぐに止めることです。当たり前のことですが妻や母親に介護が必要になった時には、同時に家事もやらなければならないということになります。家事も介護も不慣れなのに両方を完璧にやろうとする傾向が男性にはあります。初めて直面する介護では、介護保険の申請、介護サービスや福祉用具の選択、実際の身体介護のやり方など分からないことだらけです。さらに認知症の症状が見られれば、元気な頃のように日常生活の中で出来ないことが増えていく家族の姿を受け入れられず、本人のせいではないと頭では分かっていても、トイレや食事で失敗をしてしまった時に「どうしてできないんだ」と声を荒らげてしまったり、時には思わず手を上げてしまうということも……。「妻を殴ってしまった」と正直にブログにメッセージを書いてくれた男性もいました。毎日きちんと記録を取るなどして奥様の介護をやっている方で、感情をコントロールすることができなかったとのことでした。介護する側も機械ではなく心がある人間ですので衝動を抑えきれなくなってしまった気持ちは理解できます。ですが殴られた奥様はたとえ認知症で具体的な記憶は忘れてしまっても、自分が何か失敗してしまい、それを責められていることや家族を怒らせてしまっていることは分かります。そして肉体的なダメージだけでなく家族を困らせ悲しませているという心の痛みを感じているはず。手を上げた側にも罪悪感が残ります。「やむを得なかった」と自分の行動を正当化する前に、人間だからこそ自分にも限界をあることを知り、自分の〈**弱さ**〉を認めて欲しいと思います。

・用語解説・

NPO法人となりのかいご

家族を大切に思い一生懸命に介護するからこそ虐待してしまうプロセスを断ち切ること、そして介護を理由に家族の関係が崩れてしまうことなく、最期までその人らしく自然に過ごせる社会を目指して活動。社員の個別相談に乗るなど企業を対象にした介護支援コンサルティングや普及啓発をしています。NPO

の名前には介護について誰もが＜となり近所＞に相談できるようにという願いが込められています。

URL ▶▶▶ https://www.tonarino-kaigo.org/

●共倒れする前にプライドは捨てて＜弱さ＞をさらけ出すこと

弱さをさらけ出すことは決して恥ずかしいことではありませんが、簡単ではないということも分かります。何故なら私も弱音を吐くのが父と同じように得意ではないからです。弱さをさらけ出すためには自分のプライドを捨てなければなりませんが、このプライドは非常に厄介なものです。また父の悪口になりますが、母が車椅子ユーザーになったにも拘わらず父の中には障害者に対して変な偏見がありました。例えば週末に通っていた障害者交流センターの駐車場での出来事で、普通の乗用車だったのですがその車を見て「こんな良い車に乗って……」と文句を言ったり、はたまた介護している人間は苦労していないといけないみたいに思っていたようで、経済的に安定してからはちゃんと洋服を買う余裕はあるのに、ずっと同じジャージばかり着ていました。

車にいちゃもんをつけた時には「障害がある人やその家族が贅沢しちゃいけないって決まりはないよ」と父を諭《さと》しましたし、「ボロは着ていても心は錦」は父の自己満足でしかないと思いました（娘ということで厳しい表現をお許し下さい）。そんな父の姿を見て学んだ私は、母の介護や家のことで大変なことがあったとしても自分自身の人生を心から楽しもうと思うことができました。他にも呆れるエピソードは色々ありましたが、全て父の変なプライドからくる言動は本当に良い!?反面教師になりました。

私が10年以上パーソナリティーを続けている認知症をテーマにしたラジオ番組『ひだまりハウス』～うつ病と認知症について語ろう～」（ニッポン放送毎週日曜日朝6時25分からOA）では、これまで沢山の当事者や家族の方のお話を聴いてきましたが、奥様が認知症であることを周囲に打ち明けることができずにいた男性介護者がいました。理由は「妻が認知症であることを認めたくない」という自分自身のプライドが許さなかったからというものでした。この「認知症だと認めたくない」も男性がよく口にする言葉であり、自分自身が診断を受けた時も同様です。おかしいなと感じていても「齢のせいだ」と誤魔化してしまい、気が付いたら症状が進んでしまっていたというケースもあります。２０２４年に厚生労働省が公表した推計によると団塊ジュニアの世代が65歳になる２０４０年には認知症の人は５８４万人で、高齢者の６・７人に１人が認知症ということになります。つまり誰が認知症と診断されてもおかしくないという時代がすぐそこまでやってきているのです。

プライドが許さずに周囲に助けを求めずにいる間に、奥様は得意だった料理もできなくなり、自分では入浴も難しくなっていてかなり追い込まれた状態になっていました。見かねた友人から「ひとりで抱えていたら共倒れになる」とアドバイスを受けて、奥様が認知症であることを打ち明けたところ、一緒に食事をする際にもみんなが理解してくれているので、奥様が先に食べ始めても温かく見守ってくれたり、ご主人も自分の時間を持つことができるようになり、このご夫婦はまた穏やかな時間を取り戻すことができたとのことでした。このエピソードからも分かるように認知症であることを否定しても事態は良くなりません。プライドのために適切なケアを受けるタイミングを逃してしまった先に待っているのは絶望です。大切な家族を巻き込んでしまう前に、そして自分自身を追い込む前にプライドは捨ててしまいましょう。

●介護サービスは本人だけでなく家族が社会と繋がる〈糸〉に……

　認知症であることを周囲に隠すということは、介護をする家族も社会との繋がりを断ち切ることになってしまいます。前述した母親の介護のために自分の仕事をセーブした息子さんは、実は介護が始まった当初は「自分が母ちゃんの面倒を看る」と頑《かたく》なに第三者の手を借りることを拒んでいました。母親の介護のために仕事をほとんどしていなかったので経済的困窮も重なりました。さらに認知症のために変わりゆく母親の姿を目の当たりにして、不安や焦りが募り思わず手を上げてしまうことも度々あったそうです。ですが途中からデイサービスなどを利用して、自分の時間も少しずつ持つようになり介護をしながら仕事も再開していきました。人生をかけて介護をした最愛のお母さんが亡くなった後に、この男性はこんな風に私に話してくれました。「母の死はもちろん悲しいけれど、もうひとつ寂しいことがあった。それは介護スタッフが家に来なくなったことだった」と……。介護サービスを利用しているのはお母さんでしたが、実は介護をしている息子さんをも支えていたことが伝わってくる言葉でした。お母さんがデイサービスに行く日は、必ず息子さんとスタッフは顔を合わせます。

本当に短い時間ではありますが、息子さんが社会と繋がるための〈**糸**〉になっていたのだと思います。この男性の〈**介護、その後**〉ですが、あんなに第三者の支援を拒否していたのに今は介護現場で働いていて支える側になりました。

この男性が介護をしていた姿には父がどうしても重なります。もし私の父がひとりで母を介護をしていたとしたら全く同じ行動をとったのではないかと思うからです。くも膜下出血で倒れた直後も病院は完全看護だったのに、母のことが心配で寝袋を持ち込んで待合室で寝泊まりしていた父、リハビリの病院に転院した後も退院するまで毎日通っていた父、仕事帰りに飲みに行くことはほとんどなく車椅子の母が待つ家に真っ直ぐ帰ってきた父。不器用な人間は嫌いではありません。お気付きかと思いますが私は性格が父そっくりなんです。「自分がやらなければ」と思わないで良いと言っている私自身も、結局は「長女の私がしっかりしないと」とひとりで抱えていました。ですがご紹介した男性介護のエピソードからも分かるように、誰かに助けてもらうことで介護する家族も息がしやすくなることは間違いありません。細くても良いので社会と繋がる糸を掴んで欲しいと思います。

●家族に依存しないために人と繋がりを持ち家庭以外の居場所を作る

元々社交的ではなかった父は、母が元気な頃から人付き合いが苦手で友人はほとんどいませんでした。仕事も朝早かったので職場の人と飲みに行く体力も気力も無かったのだと思いますし、私が社会人になるまでは金銭的な余裕もありませんでした。母が生きていた時は毎日が母の日みたいだったのと、私か妹がご飯を作っていましたのでどちらかは家にいましたが、母亡き後は私も妹も家に急いで帰る理由がありません。もちろん父のためにもご飯は作りましたが、前述したように私は父から理不尽な目に遭わされてきましたので、母に献身的に尽くしてきたようにはできるわけがありません。

また母が亡くなった後に報道局へ異動になり、アナウンサーの時よりもさらに不規則な勤務になってしまいました。朝早くに家を飛び出し夜中まで帰れないということが当たり前になり、慣れない記者生活で心の余裕が全くありませんでした。しかも異動は青天の霹靂《へきれき》だったので現実を受け止められずに、母とアナウンサーという仕事を失うという二重の喪失に直面し、私自身が精神的に追い詰められていたのです。そんな中で頑張ってくれたのは妹でした。落ち込んでいる父をなんとか元気づけようとランチに連れて行ったりしてくれていたのですが、やはり家族の力には限界がありました。

母のために父が人生を捧げてきたことはずっとそばで見てきましたので、母が居なくなってしまった後の父の姿は想像できたことでした。本人も立ち直ろうと努力はしていましたが、仕事も簡単には見つかりませんでしたし、何のために生きているのかが分からなくなり父は生きる意味を見失ってしまいました。思えば父はうつ状態だったのだと思います。家族だけでケアをしようとせずに専門家を頼れば良かったのですが、まだ2000年代初めで精神科にかかるのはハードルがありました。それでも誰かを頼れば良かったです。そうすれば父は死なずに済んだと思うと悔やまれてなりません。

父のようにならないためにも家族以外の人と繋がりや関わりを持って下さい。会社人間だった男性が定年退職した後に、地域の中で何らかの役割や生き甲斐を持って生きていけるかどうかは随分前から大きな課題になっています。妻や家族がいると思っているかもしれませんが、当然ですが子供は親元を離れていきます。10代20代を母中心に生きてきた私達きょうだいも母亡き後は、それぞれ自分の人生を歩んでいくようになりました。また父の悪口になりますが（笑）、母が死んだ後にようやく料理をするようになり、1週間に1回カレーを大量に作って私と妹の帰りを待っているという時期がありました。とりあえず「ありがとう」と言って食べるとまた翌週もカレー……。父なりに一生懸命だったのだと思いますが、子供に依存されても期待に応えることは難しいですし、どうして母が生きている時に作らなかったのかと正直思いました。

またみなさんは「夫源病」をご存知ですか。読んで字のごとくですが夫の言動が原因となり、妻の体調が悪くなる状態を指します。医学的な病気ではありませんが、50代から60代以降で増加する熟年離婚の原因としても2010年代に大きな話題になりました。父のように亭主関白なタイプの夫や仕事中心で家にあまりいなかった夫などが、定年退職して毎日家にいることに奥様がストレスを感じて発症することが多いと言われていますが、そのことに気付かない男性も少なくありません。「老後は妻とゆっくり過ごそう」と思っているのは男性だけで、残念ながら奥様が同じ考えだとは限りません。また我が家のように老後になる前に病気になるということもありますので、現役のうちから家庭以外にも居場所を作っておくことをお勧めします。そして繰り返しになりますが介護に直面する前から弱音や本音を聴いてくれて何でも話せる友人をひとりでも作って下さい。お酒は絶対に話し相手にはなりません。

●病気のおかげで＜孤高＞という鎧を脱ぎ弱音を吐けた父……

最後になりますが演歌で歌われる歌詞のように悲しい酒を飲み続けた父の話をもう少しだけ。いくらお酒を飲んでも哀しみは癒されませんし、ましてや母が生き返るわけではありません。私もお酒は好きなので「晩酌はいつでも付き合うから飲むなら楽しいお酒を一緒に飲もう」と父にはいつも言っていました。ですが前述した通りお酒に飲まれてしまった父は、脳の委縮によりせん妄や錯乱などの症状を伴う「ウェルニッケ・コルサコフ症候群」と診断され入院。夜中にベッドから抜け出してしまったり看護師さんに暴言を吐いたりと、一般の病院では看護しきれなくなり一時は精神病院に入院しなければならない状態になりました。ただかなり病状が深刻で全身状態が命に関わるぐらいまで悪化したために再び一般病院へ戻されました。この病気は正確にはまずウェルニッケ脳症を発症し、その後遺症をコルサコフ症候群と呼ぶそうで、記銘力《きめいりょく》障害、失見当識《しっけんとうしき》、作話《さくわ》が特徴的なコルサコフ症候群まで進行するともう回復の見込みはないと先生からは言われていました。

一晩中、家族がそばについていないといけない錯乱は治まったものの、今度は作話を繰り返すようになりました。病院のベッドサイドでのある日の会話ですが、とても申し訳なさそうに「お姉ちゃんすまん」と父が謝ってきました。理由を尋ねると「お姉ちゃんの名前で借金をしてしまった」と言うのです。当時、父は両足が麻痺して車椅子が必要な状態になっていてひとりで外出はできなくなっていましたので嘘だということは分かっていました。「嘘でしょ」と否定するのは簡単でしたが「もう二度としないでね」と父を諭しました。先生から作話の症状が出ることは聴いていたのと、恐らく私に経済的な負担をかけてきたことを申し訳ないという心の奥底にある想いがこの作話に繋がったのだろうと考えたからです。

またこんな作話のエピソードもありました。「今日は宇都宮で面接をしてきた」と嬉しそうに車椅子に座る父が突然話し出し、お見舞いに来てくれていた親戚をびっくりさせました。でも実はこの作話にも理由がありました。若かりし頃、父は会社を興そうとしていたことがあったんです。そのことを私は知っていたので「良い人材はいた？」と聞き返すと「今は骨のある若者はいないな」と父は答えました。そして「私みたいな出来た若者はそう簡単にはいないよ」「そうだな」と少し嬉しそうに微笑んでいました。もしこの時、私が父の叶わなかった夢を知らなかったらこの話を頭から否定してしまっていたと思います。足が動かないのに宇都宮に行けるわけがないと……。現実と作話の境界が分からなくなっている父に、色々なことができなくなってしまっている「事実」を突き付けても傷つけるだけです。最後の最後まで本当に手がかかる父で、私も簡単に優しくできたわけではありませんが、我ながら〈**出来た娘**〉だったと思います。

貧しかった田舎から一旗揚げようと上京したものの、不器用な父の人生が順風満帆ではなかったことも娘として肌で感じていました。必死に働いていましたが我が家の暮らしは決して楽なものではなく、頑張っても頑張っても貧困から抜け出せない父の葛藤は大人になればなるほど分かるようになりました。子供の頃から私に厳しかったのも「貧困の連鎖」を断ち切って欲しいという父からの言葉にならないメッセージだったのだと思います。

妻が障害者になった時、まだ41歳だった父。逃げ出さずによく頑張りました。そして入院中に「なんで母さんは見舞いに来ないんだ」と父が呟いた時がありました。この時ばかりは私は嘘をつくことはできませんでした。「お母さんは死んだじゃない」と言うと「そうか……」とかけ布団で顔を隠し咽《むせ》び泣いていた姿は今も忘れられません。

幸か不幸か病気のおかげで孤高という鎧を脱ぐことができた父。作話は時々出るものの穏やかに過ごしていて、「この病院の看護師さんは優しい」としきりに褒めていました。それまでの父の行いには目をつぶり、私と妹もきちんとお見舞いに行っていたのですが、まあ良しとしましょう（笑）。しかもそれだけではなく看護師さん一人ひとりにニックネームをつけて呼んでいて、小学生のいたずらっ子のような表情をしている父を見て、こんな意外な一面があったとはと私も驚きでした。きっと父も誰かに優しくしてもらいたかったんだと思いますし、看護師さんには弱い部分も見せられていたのかもしれません。

●「天国は逢いたい人に逢える場所」という言葉で和らいだ死への恐怖……

母と同じように父も車椅子の生活になっていましたが、病状が落ち着いたので自宅に戻ることを先生と相談していた矢先に急変して病院で亡くなりました。私と妹で10日ほどICUに泊まり込んで最期を看取りました。また優しく接してくれた看護師さん達も代わる代わるお別れに来てくれて父も寂しくなかったのではないかと思います。息を引き取ったのが朝方でしたのでまだ病院が寝静まっている中で、裏口から父の亡骸と一緒に出ようとしたところ看護師さんがひとり見送りに来てくれました。この看護師さんは実は母が倒れて入院した時に脳外科の病棟の新人看護師だった方で、不安そうに母に付き添っていた10代の私達きょうだいを知ってくれていました。それから15年の時を経て、父が入院していた病棟ではありませんが別の科で看護師長さんになっていたのです。「本当に長い間ご苦労様でした」と労いの言葉を掛けていただき

「ああ私達の介護はこれで終わったんだな」と実感できました。たったひとりの存在、たった一言で人は救われることがあると思わせてくれた出来事でした。

また母の在宅を支えてくれた看護師さんとは今も年賀状のやり取りなどをしていますが、父が亡くなったことを伝えた時に「お父様らしい最期でしたね」と言っていただきました。娘としては母の分も父には生きて欲しいと思っていましたが、終末期の母に献身的に付き添っていた父を知っているこの看護師さんの言葉にも救われました。確かに足が不自由になった父にも介護が必要で、これからどうしようかと思わなかったと言ったら嘘になります。決して潔い最期とは言えず、自ら命を縮めてしまった父の行為は絶対に肯定はできませんが、父なりの選択だったのだと受け止めることにしました。

そして私の死生観を変えてくれたのは、前述した在宅ホスピスに長年取り組んでいる山崎先生の死後にまつわる話でした。愛する家族との永遠の別れはとても悲しいものです。何故なら残される側は大切な人と二度と逢えなくなることが分かっているから……。父との別れはあまり悲しくありませんでしたが（苦笑）、25年近く経っても母のことを思い出して号泣することが今もあります。ですが山崎先生から「自分は天国はあると思っています。天国は逢いたかった人に逢える場所であり、自分には逢いたい人が沢山います」という言葉を聴いた時に「ああそうか。母は天国で逢いたかった人に逢えているんだ」と思えました。誰も死を避けることはできませんし、大切な人を残してこの世を去ることになりますが、見方を変えることで心が少し軽くなりました。5年ほどで後を追って逝った父に逢えて母が嬉しかったかどうかは分かりませんし、なんでこんなに早く来たんだと父は母から怒られているかもしれません（笑）。

私にとって〈**逢いたい人**〉はやはり母です。天国で再会できたらヤングケアラーになる前の自分に戻って、母の胸に飛び込んで今度こそ思い切り泣いてみたい。「お姉ちゃんよく頑張ったね」と言ってもらえるように、その時が来るまで限りある命を大切にしていきたいと思います。生きたくても生きられなかった母の分も……。

受援力

⑧

弱さをさらけ出して良い

「母さんのそばにいられたのはみんなのおかげです」と私達に頭を下げた不器用な父。母の命の限りを前に慟哭した父が本当は羨ましかった……。悪口もいっぱい書きましたが親も完璧ではないこと、人間は脆いということを教えてくれた父の生き様もまたひとつの道標です。アナウンス部から突然報道局に異動になった時に、俺が会社に掛け合ってやると憤ってくれた父は、母同様に私の一番の応援団でした。そんな父に似てしまった私も未だに人を頼るのが苦手です。「弱さをさらけ出して良い」父からの最期のメッセージを噛み締めながら私自身も＜受援力＞を育んでいきたいと思います。

おわりに

「あんた苦労したのね。幸せになりなさい」こう私に言葉をかけてくれたのはフリーアナウンサーになって担当した番組での共演がきっかけで、今も娘のように可愛がってくれている歌手で女優の中尾ミエさんです。「大変だったね」と声をかけてもらうことはよくありますがミエさんのこの言葉にはグッときました。大ヒット曲『可愛いベイビー』でミエさんがデビューしたのは16歳の時。家族を養うために歌い始めたのは中学生の頃だったそうです。華やかな世界に生きながら苦労を重ね齢を重ねても、いつも笑顔で自然体のミエさんは私の憧れです。まさかミエさんに「齢の離れたお友達」と言ってもらえる日が来るとは、18歳の私に伝えたらびっくりするはず。

これまで沢山の人に出逢い、数多くの言葉に勇気をもらい、新たな気づきを得てきました。この『受援力』でご紹介したのはほんの一部です。まだ私が新人アナウンサーで介護保険がスタートする前に取材した、さいたま市にある古民家を活用した認知症の人が暮らすグループホームの代表の女性は、私に介護の原点を教えてくれました。今では認知症ケアで当たり前になっている「その人を知ることから始まる」ということや、「同じ方向を向いていたら家族」という言葉は、人生に寄り添う介護職も家族のような存在になれるということを教えてくれました。親子ほど歳は離れていましたが、出逢いから約30年近く日本の介護をより良いものにしたいと考え行動する同士としてご一緒させていただきました。ずっと仕事ばかりしていた人であまりテレビを観たことがなく「あんた本当にテレビ出てるの？」とよく言われていましたが、そんな人間関係も心地よかったです。数年前に認知症の診断を受け第三者の手も借りながらご家族と穏やかに過ごしています。

また私達きょうだいを見守ってくれ、母が車椅子生活になっても最後まで母の友人でいてくれた山田のおばちゃんですが、なんと人生色々あって今我が家で一緒に暮していています。血の繋がりではなく〈**縁**〉で繋がった家族ということになりますが、まさに同じ方向を向いていたら家族という言葉を噛みしめている毎日です。

家族の在り方だけでなく〈**幸せ**〉の形も一人ひとり違って良いと思います。同じ介護の経験をした私達きょうだいの選択も様々で、大学進学を諦め弟は消防士になり、妹は高校生、中学生、小学生と3人の子供を育てながら仕事も続けています。高校生の姪っ子は私の趣味の観劇によく付き合ってくれます。幼い頃「なんであーちゃん1人なの？」と聴いてきたことがありましたが、最近は言わなくなりました（苦笑）。私も本当は子供が大好きで早く結婚して子供も絶対に欲しいと思っていましたが……思う通りにはいかないものですね。でもどこかで母とは全く違う道を歩むのではという予感もありました。いまだに私も幸せを模索中です。

タイムマシーンがないことも過去も変えられないことも分かっています。13年前に出版した『十年介護』では「介護や病気が語れる社会」を作りたいと書いていましたが、その目標は実現しつつあります。新たな目標は「〈**次世代**〉のために今を変えていくこと」。未来を変えるという言い方をよくしますが、何も行動を起こさなければ未来は変わらず、実は変えられるのは〈**今**〉だけです。そのために私に出来ることは〈**言葉の力**〉を信じてこれからも伝え続けていくこと。自分の想いを伝える時も、人が人と向き合う時も、受援力を発揮する時にも必ず必要となる言葉。未来がより良いものになるように、祈りを込めて言葉を紡いだこの本が全てのケアラーの〈**今**〉を変える一助になりますように……。

2024年8月

町 亞聖

著者略歴

町 亜聖（まち・あせい）

フリーアナウンサー・元日本テレビアナウンサー

小学生の頃からアナウンサーに憧れ1995年に日本テレビにアナウンサーとして入社。その後、活躍の場を報道局に移し、報道キャスター、厚生労働省担当記者としてがん医療、医療事故、難病などの医療問題や介護問題などを取材。"生涯現役アナウンサー"でいるために2011年にフリーに転身。脳障害のため車椅子の生活を送っていた母と過ごした10年の日々、そして母と父をがんで亡くした経験をまとめた著書『十年介護』（小学館文庫）を出版。医療と介護を生涯のテーマに取材、啓発活動を続ける。直近では念願だった東京2020パラリンピックを取材。元ヤングケアラー。

- 町亜聖オフィシャルブログ「As I am」
  https://ameblo.jp/machi-asei/

Special thanks

装 丁：bookwall

※本書に掲載されている情報はすべて2024年8月現在のものです。

受《じゅ》援《えん》力《りょく》

“介護が日常時代”のいますべてのケアラーに届けたい本当に必要なもの

令和6年10月29日　第1刷発行

著　　者　町 亞聖

発 行 者　東島 俊一

発 行 所　株式会社 法 研

〒104-8104 東京都中央区銀座1-10-1

電話 03(3562)3611(代表)

https://www.sociohealth.co.jp

印刷・製本　研友社印刷株式会社

0102

ISBN 978-4-86756-020-4 C0077　定価はカバーに表示してあります。

乱丁本・落丁本は小社出版事業課あてにお送りください。
送料小社負担にてお取り替えいたします。